Barbara Streidl

LASST
VÄTER
VATER
SEIN

Barbara Streidl

LASST VÄTER VATER SEIN

Eine Streitschrift

BELTZ

Dieses Buch ist auch als E-Book erhältlich:
ISBN 978-3-407-22265-7

www.beltz.de

© 2015 Verlagsgruppe Beltz, Werderstraße 10, 69469 Weinheim
Lektorat: Tarek Münch
Umschlaggestaltung: www.stefanielevers.de (Gestaltung),
www.stephanengelke.de (Beratung)
Icons Umschlag: © Stefanie Levers
Satz und Herstellung: Lelia Rehm
Druck und Bindung: Beltz Bad Langensalza GmbH, Bad Langensalza
Printed in Germany

ISBN 978-3-407-85707-1
1 2 3 4 5   19 18 17 16 15

I cried at the sight of a flashing light
Can't believe it's true
I spied the tiny heartbeat inside
Can't believe it's you
Hello, I sure am pleased to meet you
How do you do?
Hello, it sure is good to see you
Safe in your womb

Derek Singleton, Hello

Für D.

Inhalt

Aus dem Schatten, bitte

———— Der Wartebereich für Familien im Flughafen Berlin Tegel ist mit einem Symbol beschildert, das eine Mutter mit Kind und Kinderwagen zeigt. Die meisten Gehwege werden ähnlich ausgewiesen. Lediglich die Schilder für verkehrsberuhigte Bereiche zeigen eine erwachsene Figur in Hosen beim Fußballspiel mit einem Kind, die auch als Vater durchgehen könnte. Wickelmöglichkeiten gibt es in Deutschland fast ausschließlich auf Damentoiletten, und nur am ersten Schultag stehen Väter neben Müttern.

Endlich.

Da sind sie, die Papas, in Anzügen und Krawatten, manche sprechen noch schnell in ihr Smartphone, bevor sich der Schuldirektor dann launig an sie und ihre Partnerinnen wendet in seiner Rede vom Ernst des Lebens, der jetzt auch bei ihren Kindern angekommen sei.

Was ist der Ernst im Leben eines Vaters? Dass sein Job, seine Erwerbstätigkeit wichtiger sind als die Familie. Dass er in der Regel als Ernährer und Erzeuger gilt, Aufgaben übernimmt, aber kaum Verantwortung. Dass viele Väter fast unsichtbar sind im Leben ihrer Kinder, obwohl sie keineswegs in einer Trennungsfamilie leben. Dass ihr liebevolles Engagement auch in unserer heutigen Gesellschaft immer noch keinen rechten Platz hat. Dass die Bedeutung ihrer Beziehung zum Kind eher belächelt als anerkannt wird. Und dass sie das ohne viel Widerstand akzeptieren.

Ich habe selbst zwei Söhne, und doch wirkt es auf mich wie ein Relikt aus vergangenen Zeiten: das strahlende Bild der deutschen Mutter mit dem Kinde. Einer Ikone gleich haben wir es durch den Nationalsozialismus, die Frauenbewegung und den Neoliberalismus gebracht und dulden kein zweites Bild daneben. Immer noch! Mama ist die Beste und das Beste für das Kind. Mütter, ob berufstätig, zuhause, in Teilzeit oder eine Auszeit nehmend, wurden in den vergangenen Jahren hierzulande ausgiebig untersucht und beschrieben.

Und bei all dem, was so über Mütter gesprochen und geschrieben wird, Gutes wie Schlechtes, gibt es einen Punkt, auf den sich scheinbar alle gern einigen wollen: Es gibt niemanden, der einer Mutter das Wasser reichen kann, wenn es um das Kindeswohl geht. Das gilt auch für die Rabenmutter, die ihren Nachwuchs dem Beruf zuliebe beiseiteschiebt, oder die Latte-macchiato-Mutter, die die Karriere vernachlässigt, um sich ganz ihren Sprösslingen widmen zu können.

Ganz offensichtlich gibt es hier ein Ungleichgewicht zwischen den Geschlechtern. Das von manchen nur mit der Kneifzange angefasst wird, gar wie ein Tabu behandelt wird – schließlich leiden doch immer nur Frauen unter Diskriminierung!

Stimmt nicht.

Und genau wie es bei allen anderen Formen der geschlechterbedingten Unterdrückung ist, schadet sie auch hier beiden, Frauen wie Männern. Viele Frauen empfinden großen Druck, äußern sogar den Verlust ihrer persönlichen Handlungsfreiheit durch die verpflichtende Übermacht des Mutterbildes. Und je prächtiger das von Medien, Politik und Gesellschaft gemalt wird, desto blasser wird das Bild des Vaters. Der keinesfalls gleichberechtigt neben seiner Partnerin steht in Sachen Kindeswohl & Co.

Kind: »Papa, Papa, was ist ein Vakuum?«

Vater: »Ich hab's im Kopf, mein Sohn, aber ich komme grad nicht drauf!«

Das heute gültige Vaterbild gleicht häufig einer Karikatur, einer Witzfigur. Denn neben der überall anerkannten Mama-Huldigung sorgt ironisches Papa-Bashing auch dreißig Jahre nach der Erfindung des »Verhaltensstarre«-Bonmots noch für sichere Lacher, trotz Elterngeld und trotz eines Vizekanzlers, der zwölf Wochen Elternzeit genommen hat.

»Peter«, fragt die Lehrerin, »weshalb nennen wir unsere Sprache auch Muttersprache?«

»Weil Papa nie zu Wort kommt.«

Was ist los mit dem deutschen Vater? Warum tritt er nicht aus dem Schatten der deutschen Mutter hervor? Ein solches, nicht nur farbloses, sondern auch ganz schön negatives Vaterbild wird ja von der Gesamtgesellschaft erschaffen und getragen – seit wann haben wir denn diesen blassen Papa im Abseits? Warum nehmen Väter ihr Schattendasein so einfach hin? Und warum wird es von Müttern akzeptiert, vielleicht sogar gewünscht? Um den Finger mal so richtig draufzulegen: Ist Mama vielleicht genug? Braucht es Papa überhaupt zum Kindeswohl? Oder sind Väter vielleicht doch unverzichtbar?

Noch ein Denkmal für Helmut Kohl

———— Auf der Suche nach den Vorlagen für unser heutiges Bild des deutschen Vaters fällt mir zuerst Helmut Kohl ein. Schließlich war er in meiner westdeutschen Jugend in den Achtzigerjahren so etwas wie der Vater der Deutschen, der sogar noch zum Vater Europas wurde. Als Kohl mit seinem störrischen Ehrenwort in der Parteispendenaffäre an Ansehen verlor, kam nicht nur ich mir vor wie ein Kind, das im Erwachsenenalter die Wahrheit über den übermächtigen Vater herausfindet: Ein Mann, der Anstand immer als das höchste Gut bezeichnet hatte, ist quasi jahrzehntelang fremdgegangen und hat seinem eigenen Leitbild überhaupt nicht entsprochen.

Dass Helmut Kohl auch als Familienmensch und Vater seiner Kinder keine besonders gute Figur gemacht hat, ist bekannt. Das bestätigt der Altkanzler-Sohn Walter Kohl in seinem Buch *Leben oder gelebt werden*: Abwesenheit, wenig Verständnis für die Kinder, und immer hatten das Büro, die Politik den Vorrang. Sehr deprimierend erscheint mir heute diese Kohl'sche Vaterschaft, die eine wie die andere. Und doch ist sie immer noch eine Blaupause in diesem unserem Land:

Wer holt die Kinder nachmittags von Schule und Kindergarten ab?

Wer geht mit den Kindern auf den Spielplatz?

Wer sitzt mit ihnen im Wartezimmer der Kinderärztin?

Wer richtet die Geburtstagsfeiern der Kinder aus?

Wer kauft ihnen neue Kleidung, wenn sie aus den alten Sachen herausgewachsen sind?

Es sind meistens Mütter, so meine Beobachtung. Wenn auch die Zahl der Väter in den erwähnten Situationen größer geworden ist, verglichen mit meiner Kohl-geprägten Jugend: Damals sah ich wirklich nie irgendeinen Vater jenseits von Feierabend oder Wochenende, nirgends. Auch nicht auf den eingangs genannten Verkehrsschildern, die Fußwege kennzeichnen: Der Mann mit Hut, der ein Kind an der Hand führt, wurde 1971 von einer Frau abgelöst. Ein Jahr vor meiner Geburt.

Väter im Visier

———— Es gibt jede Menge Bücher über die Väter von heute. Lustige Bücher über Väter, die bei den Kindern bleiben, nachdenkliche über Väter in der Identitätskrise, anklagende, gar weinerliche über Väter ohne Perspektiven. Zumeist schreiben Männer über moderne Väter, neue Väter, Väter zwischen Kind und Karriere, von ihren Kindern getrennt lebende Väter und noch mehr. Ich habe viele dieser Bücher gelesen, mit einigen der Autoren gesprochen, und mit zahlreichen Vätern auch. Dabei habe ich immer stärker das Bedürfnis verspürt, eine Brücke zu schlagen zwischen dem Lager der Mütter und dem der Väter, zwischen Frauen und Männern, zwischen Feminismus und Männerforschung.

Denn es ist dieses Miteinander, das uns fehlt, sowohl in der Kommunikation als auch in der Ausbildung von Visionen für ein (noch) besseres Leben: Wie soll der schwere Vereinbarkeits-Rucksack von den Schultern vieler Mütter genommen werden, wenn nicht auch viele Väter die Last mittragen? Mittragen dürfen? Oder wollen? Wie können wir unseren Söhnen und Töchtern ein gleichberechtigtes Leben versprechen, wenn sich ihre Eltern doch in einem andauernden Ungleichgewicht befinden? Das von allen gesehen wird, aber von niemandem kritisiert?

Meine Vorstellungen von einer Welt, in der niemand aufgrund seines Geschlechts benachteiligt wird, haben immer sehr viel mit der Stärkung der gesellschaftlichen Position von Frauen zu tun gehabt. Doch es ist höchste Zeit, auch die Position von Männern, von Vätern zu bedenken. Denn die Ungleichbehandlung der Geschlechter schwächt auch Männer, wirkt sich auf ihre Position, ihre Bedeutung in unserem gültigen Familienmodell aus. Und wie wir es durch die Kritik an der Benachteiligung von Frauen ja längst kennen, funktioniert unsere Gesellschaft auch diesmal nicht wie eine mathematische Gleichung. Wird die eine Hälfte des Elternpaars kleiner gemacht, wächst die andere Hälfte nicht automatisch in die richtige Richtung.

Ich bin sicher: Ohne Väter geht es nicht. Nicht nur für die Zeugung werden sie gebraucht. Auch danach sind sie unverzichtbar – und zwar nicht nur, um bei der Geburt Händchen zu halten oder die Nabelschnur zu durchtrennen bzw. um sich finanziell unterstützend oder engagiert beim Freizeitsport zu zeigen. Väter sind unverzichtbar, weil Eltern sein zu zweit nicht nur leichter ist, sondern auch besser. Für alle Beteiligten! Mama ist nicht genug, das sagen mir nicht nur meine eigenen Erfahrungen als Mutter und als Partnerin eines Vaters, sondern das bestätigen inzwischen auch Erkenntnisse quer durch die Wissenschaften und viele Studien, einige davon erwähne ich in den folgenden Kapiteln.

Leider ist das unserer Gesellschaft eher egal als bewusst: Ja, es ist einfacher, den Vater als Zusatz-Kraft zur Mutter zu sehen oder schlimmer noch pauschal zum Samenspender, Wochenendbespaßer oder Unterhaltszahler zu degradieren, als an den gültigen Strukturen zu rütteln. Die ja historisch gewachsen sind und somit auch irgendwie von uns allen mitgetragen – wenn nicht sogar gewünscht. Dennoch ist dieses Kleinmachen, dieses Reduzieren extrem falsch – und muss sich ändern. Weil es unfair ist – und weil es »den Vater« als Mamas Handlanger gar nicht gibt! Es existieren heute ebenso viele Auslegungen von Vaterschaft, wie es Väter gibt. Von denen auch Mütter profitieren, die ja beileibe auch nicht alle aus demselben Holz geschnitzt sind.

Dabei ist der eigene biografische Hintergrund nicht unwichtig: Wer heute Vater wird, orientiert sich mit Sicherheit auch an seinem eigenen Vater und Großvater, ebenso wie an seinem kulturellen Umfeld. Was aber nicht heißen soll, dass wir die nächsten Schubladen öffnen, um Menschen dort einzusortieren: Nicht jeder US-Amerikaner in Deutschland holt am vierten Donnerstag im November einen Thanksgiving-Truthahn für seine Familie aus dem Ofen. Nicht jeder türkischstämmige Familienvater in Deutschland verliert seine Töchter an den Islamischen Staat. Und doch spielt bei allen Ängsten und Vorstellungen eines Menschen, der sich Kinder wünscht oder bereits welche hat, die Herkunft immer auch eine Rolle. Gerade in unserer heutigen Gesellschaft, die ja viel multikulureller ist als etwa die meiner Eltern, ist dieser Aspekt wichtig und zugleich ziemlich kompliziert. Eben weil es keine pauschalen Verhaltensweisen qua Herkunft gibt.

Mit all diesen vielen unterschiedlichen Geschichten und Lebensentwürfen können wir auch eine große Lücke füllen: Sie ist deutlich sichtbar an der Stelle, an der es im gesellschaftlichen Bewusstsein um die Qualität der Bindung zwischen Vater und Kind geht. Mal ehrlich: Was eine Mutter ihrem Kind gibt, darin sind sich alle einig: Schutz,

Wärme, Zärtlichkeit, Verständnis und so weiter – es ist unverhohlen einzigartig.

Was aber gibt ein Vater vergleichbar Einzigartiges an sein Kind? Ist das wirklich nur das Engagement bei den berühmten Tobespielen oder die Unterstützung bei fiesen Physik-Hausaufgaben? Kann ein Vater einem Kind überhaupt etwas geben, was es nicht schon von der Mutter erhalten hat?

Diese Lücke ist wie eine Schikane, eine fest installierte Stolperstelle für den Mann, der seine ersten Schritte als Papa gehen möchte nach der Geburt seines Kindes. Was extrem ungerecht ist! Hier brauchen wir dringend eine Veränderung im gesamtgesellschaftlichen Bewusstsein.

Keine Diskriminierung, nirgends

———— Um sofort mögliche Missverständnisse zu vermeiden: Ich verurteile hier ganz und gar nicht gleichgeschlechtliche Paare mit Kindern, Alleinerziehende oder Familien, in denen aus guten Gründen kein Vater anwesend ist! Ich gehe ebenso wenig davon aus, dass sich Paare mit Kindern leichtfertig trennen.

Doch gerade jetzt, wenn wir vielleicht tatsächlich nur noch ein paar Schritte von der Normalität einer Geschlechtsverkehr-unabhängigen Reagenzglasgeburt eines Menschen entfernt sein mögen, möchte ich das Bild des Vaters aus dem Schatten holen und mit neuen Farben versehen. Möchte ich die fehlende Balance zwischen den Geschlechtern aufzeigen. Und auch eine Motivation liefern für das Bekennen zum Papasein, dafür, die »Vaterchance« zu ergreifen!

Dabei geht es mir nicht um praktische Anweisungen für ein individuelles Zusammenleben, sondern um ein besseres Verständnis von Vaterschaft, quasi eine Basis für ein besseres Miteinander von Frauen und Männern, die gemeinsame Kinder haben oder das planen.

»Vaterschaft im 21. Jahrhundert ist ›Malen nach Zahlen‹ ohne Nummern«, hieß es vor einigen Jahren in der *Zeit*. Das gilt heute leider immer noch: Parteienübergreifend wird nach einem neuen Familienleitbild gesucht, und sogar die beiden christlichen Kirchen diskutieren viel über die Gültigkeit des klassischen Familienmodells und die Autorität des Vaters.

Ob verheiratet oder nicht, ob unter einem Dach oder in zwei Haushalten: Wir brauchen dringend eine neue Vision für eine Familie, in der Mutter und Vater gleichberechtigt für Kind oder Kinder sorgen. So eine Familie wünschen sich immer noch sehr viele, heute und hier. Doch ohne ein neues Vaterbild wird dieser Wunsch nicht zu erfüllen sein.

»Die Väter« sind nicht schuld am Stress »der Mütter«

———— Eine Bushaltestelle, morgens um acht. Eine Frau nähert sich im Laufschritt. An der einen Hand ein Kind, mit der anderen schiebt sie einen Buggy, in dem ein zweites, kleineres Kind sitzt. Der Bus kommt. Die Frau muss an der gegenüberliegenden Straßenseite an der Ampel warten. Das größere Kind zieht an ihrer Hand. Der Bus öffnet die Türen, die Ampel schaltet auf Grün, die Frau rennt los, das größere Kind mit ihr. Da weint das kleinere Kind, es hat ein Stofftier fallen gelassen. Die Frau dreht sich um und läuft mit Kindern und Buggy zurück. Die Bustüren schließen sich. Die Frau hebt das Stofftier auf. Der Bus fährt los.

Der Alltag einer Mutter, besonders einer berufstätigen Mutter und ganz besonders einer berufstätigen Mutter mit einem oder mehreren kleinen Kindern, grenzt nicht selten an Wahnsinn. Es ist ein gehetztes Jonglieren mit Kita-Öffnungszeiten, Fahrplänen des öffentlichen Nahverkehrs und der Arbeitszeit. Weitere Bälle sind dann der Haushalt, der Einkauf für die Familie und das, was hinsichtlich des Privatlebens noch so übrig bleibt.

Das »Gesundheitsrisiko Mutter« wird vom Müttergenesungswerk offen angesprochen: »Die Belastungen von Müttern sind gesellschaftlich bedingt und die Erkrankung

kein individuelles Versagen«, hieß es dort auf der Jahres-
pressekonferenz im vergangenen Sommer. Kinder in die
Welt setzen wird inzwischen auch gesellschaftlich als be-
merkenswertes Wagnis anerkannt; als berufstätige Mutter
zweier Söhne erfahre ich manchmal Bewunderung von
Fremden und Bekannten ob meiner Qualitäten, ständig im
Spagat zwischen zwei Welten zu stehen.

Gesundheitsrisiko Vater

———— Wer aber hinsichtlich dieses Stress-Spagats eher
schlecht wegkommt, sind Väter. Obwohl das Müttergenesungswerk heute auch Vater-Kind-Kuren anbietet, werden
sie gerne zu Hauptschuldigen gemacht. Bei Vätern sticht
die Erwerbstätigkeit in den meisten Fällen das Familienleben, und so wird die Vereinbarkeit beider Welten zu einem
Mutterthema. Was beileibe nicht allen passt.

Sehr häufig höre ich erregte Frauen, die öffentlich Kritik äußern an ihren Männern und den Männern überhaupt,
die endlich anpacken und mehr machen sollen als bloß die
finanzielle Versorgung zu ermöglichen plus mit den Kindern am Wochenende ins Schwimmbad, damit Mama wenigstens einmal in Ruhe zum Yoga kann. Ihre Vorstellung
einer gleichberechtigten Welt hat sehr viel damit zu tun,
dass Väter ihr lethargisches Sofasitzen wenigstens kurz
mal beenden mögen, um sich in der Familie zu engagieren.

All diese ärgerlichen Frauen haben mit Sicherheit är-
gerliche Dinge erlebt, die ihren Unmut rechtfertigen. Dieser eine Vater würde mir auch auf die Nerven fallen: Er
besteht darauf, am Wochenende immer bis spät in den
Vormittag zu schlafen – ohne Rücksicht auf die Bedürf-

nisse seiner Frau oder seiner Kinder. Oder der, der sich auch beim fünften Kind noch konsequent weigert, eine volle Windel zu wechseln. Der, der nachts nicht aufsteht, wenn das Baby weint, weil er es »nicht hört«, ebenso wie er es »nicht sieht«, wenn Staubflusen übers Parkett fliegen und nach einem Staubsauger rufen. Zweifellos macht so etwas extrem ärgerlich.

Trotzdem bin ich der Meinung: Die Väter sind nicht schuld am Stress der Mütter. Weil es »die Väter« ebenso wenig gibt wie »die Mütter«. Wir müssen uns davon verabschieden, Menschen in Schubladen einzuordnen, weil wir ihnen damit nicht gerecht werden können. Nicht jeder Vater leidet an »Schlafsucht« und chronischer Wickelverweigerung, ebenso wie nicht jede Mutter immer sofort und als Einzige weiß, warum ihr Kind weint.

Und das gilt für alle: für Paare, in denen Papa arbeitet und Mama nicht, ebenso wie für die, in denen beide Elternteile berufstätig sind. Alle Eltern verspüren häufig Stress. Der Vereinbarkeits-Stress, der berufstätige Väter eigentlich ebenso erreichen müsste wie berufstätige Mütter, hat strukturelle Ursachen und in den seltensten Fällen individuelle. Doch unsere Welt ist nicht nur an dieser Stelle ganz und gar nicht gleichberechtigt, zu Lasten der Väter, die mehr Ernährer sein müssen, und zu Lasten der berufstätigen Frauen, die mehr Mütter sein müssen. Daneben gibt es natürlich durchaus Väter, die ihre Partnerinnen in allen Bereichen unterstützen und jeden Stress mittragen. Das ist heute mit Sicherheit weiter verbreitet als früher. »Die Väter« gab es aber auch in den vergangenen Generationen nicht.

Ich erinnere mich an ein Gespräch mit einem älteren Mann, der verheiratet und kinderlos ist. Seine Frau hat ihm zu Beginn ihrer Beziehung klargemacht, so erzählt er, dass sie keine Kinder mit ihm haben will – weil sie keine Lust darauf hätte, dass dann alles an ihr hängen bleiben würde. Der Mann ist ein klassischer 68er, der die Entscheidung seiner Frau sehr bedauert hat, wie er zugibt, sie aber dennoch mitgetragen hat, aus Liebe und Loyalität zu ihr.

Aus derselben Generation kommt ein anderer Mann, mit dem ich gesprochen habe, Vater von zwei heute erwachsenen Kindern. Als seine Kinder klein waren, hat er sich die Betreuung gleichberechtigt aufgeteilt mit seiner Frau. Beide haben in Teilzeit gearbeitet, was für ihn zur damaligen Zeit sehr schwer durchzusetzen war, weil es eben vor rund 30 Jahren für Männer noch unüblich war, wegen der Familie beruflich kürzerzutreten. »Ich kann mich an viele Abende erinnern, an denen ich bei den Kindern lag«, sagt er. »Ich blieb bei ihnen, bis sie eingeschlafen waren. Dann habe ich aufgeräumt, die Küche, das Bad. Und war ganz schön erschöpft, wenn meine Frau von der Arbeit nach Hause kam.«

Das meiste macht doch die Mutter

———— Es gibt zahlreiche aktuelle Studien und Erhebungen zur elterlichen Aufteilung der Betreuung von Kindern und Küche mit den unterschiedlichsten Ergebnissen. So belegt die Vorwerk Familienstudie 2011, ausgeführt vom Institut für Demoskopie Allensbach, dass Väter sich heute immer noch nicht mehr in der Familie engagieren als früher. Der Löwenanteil an Familien- und Hausarbeit liegt nach wie vor bei den Müttern: 4 Prozent von ihnen tragen alles, 73 Prozent von ihnen »das meiste«, so die Ergebnisse der Studie, für die über 10.000 Personen in Deutschland befragt wurden.

Die AOK-Familienstudie von 2014 zeigt, dass Väter häufiger als Mütter der Meinung sind, die Haushaltspflichten inklusive Familienarbeit würden geteilt. Dieses Missverständnis wirkt sich auch auf die Zufriedenheit aus: 58 Prozent der Väter mögen die Aufteilung hinsichtlich der Kinderbetreuung im Alltag – aber nur 46 Prozent der Mütter. Dabei gibt es kaum Unterschiede hinsichtlich des Bildungsstands der Eltern oder ob ein Migrationshintergrund besteht.

Ein wichtiger Aspekt jedoch ist die Arbeitszeit: 50 Prozent der für die AOK-Studie befragten Mütter haben Teilzeitjobs. Und da in der Regel jene Person die Hauptverantwortung für Kinder und Küche übernimmt, die nicht Vollzeit arbeitet, erklärt sich die Aufteilung quasi von selbst. Familienarbeit, Pflege, Kindererziehung, Hausfrausein, all das, was wir heute unter »Care« verstehen, ist in unserer Gesellschaft auch heute noch kaum ökonomisch fassbar und somit nicht anerkannt.

Das können »wir Mütter« aber kaum »den Vätern« in Rechnung stellen, denn diese kulturellen Werte und Strukturen sind ein über Jahrhunderte angewachsenes Gut, das von Frauen ebenso mitgetragen wurde und wird wie von Männern. Es ist die eine Sache, das Patriarchat, also die Herrschaft des männlichen Prinzips über das weibliche – und alle anderen – anzuprangern. Väter aber per definitionem schlecht, faul und schuldig zu finden, wird überhaupt nichts an den Ursachen der Unzufriedenheit der Kritikerinnen ändern. Im Gegenteil, es verstärkt die Unzufriedenheit. Besser ist es, die tatsächlichen Ursachen anzugehen und hier nach Veränderungsmöglichkeiten zu suchen.

Ich habe mit einer Frau Anfang 70 gesprochen, die seit

Jahrzehnten aktiv in der Frauenbewegung ist und bis heute Veranstaltungen und Workshops ausrichtet, mit denen sie Frauen für ein selbstbestimmtes Leben begeistern möchte – ohne die ökonomische oder emotionale Abhängigkeit von Männern. »Wieso denn bloß Väter?«, fragt sie mich. Dass ich, ihre jüngere Schwester im Geiste, mich der Männer annehmen möchte, gar für sie stimmen könnte, überrascht und entsetzt sie zugleich.

»Ja, es mag sein, dass du einen guten Partner gefunden hast. Für eine Weile«, versucht sie es noch einmal. Denn für sie steht fest: Die Männer sind schuld am Leid, an den finanziellen Sorgen, an den Entbehrungen der Frauen. Und deshalb sind die Väter auch schuld am Stress der Mütter. Weil sie halt dann doch faul sind und das mit der Familienarbeit weitaus halbherziger anpacken als die Mütter und dann im Trennungsfall keine Alimente zahlen.

Ich kann sie gut verstehen, diese Frau, die fast ihr ganzes Leben schon für die Stärkung von Frauen kämpft, ihre Argumente sind für mich nachvollziehbar und schlüssig. Dennoch sind die von ihr genannten Ursachen des weiblichen Leids, des mütterlichen Stresses zumindest teilweise Überbleibsel einer vergangenen Welt.

Unrecht ist keine Antwort auf Unrecht

———— Heute sind auch andere Sachen dafür verantwortlich, dass Menschen mit Kindern das Gefühl haben, sie könnten in der Rushhour ihres Lebens kaum mehr atmen, weil ihnen selbst dafür die Zeit fehlen würde. Papa, der sich die Hausschuhe nicht selber holen mag, hat das nicht allein zu verantworten.

Eben diesen anderen, zum Teil strukturellen Ursachen müssen wir nachgehen. Der Tübinger Jungen- und Männerberater Reinhard Winter zögert nicht lange, als ich ihn frage, warum Vätern gerne unterstellt wird, sie wären am Stress der Mütter schuld.

Winter nennt drei Gründe dafür: Wirtschaft und Politik hatten noch bis vor kurzem kein Interesse daran, dass Männer neben Arbeitnehmern auch Väter sein können. Dann generieren die Medien seit über 30 Jahren das Bild eines sanften Mannes mit Baby im Tragegurt als Vorbild für Väter. Dass ein Tragegurt Menschenleben nachhaltig verändern kann, das bezweifelt Winter. Und dass damit die moderne Vaterrolle umfassend beschrieben wurde, ebenso.

Schließlich führt er noch das Verhalten mancher Mütter als Problem an: Diejenigen, die ein Kind ausschließlich zur Muttersache machen, schaden Vätern. Dieser Punkt stört mich erst – doch dann gebe ich Reinhard Winter recht. Dass es Frauen gibt, die sich in ihrer Mutterschaft zu einzigartig und gut finden, als dass sie daraus eine Elternschaft auf Augenhöhe machen würden, habe auch ich schon erfahren.

Natürlich würde gerade dieser Punkt die Frau, die sich seit Jahrzehnten für feministische Themen engagiert, extrem verärgern: dass Mütter Väter nicht machen lassen, dass ausnahmsweise mal Frauen Männer ausbremsen. Dass das überhaupt geht, hat natürlich mit den historisch gewachsenen Machtverhältnissen in unserer Gesellschaft zu tun: Gefühlte Ewigkeiten haben sich Frauen ausschließlich mit der Familie beschäftigt, dem einzigen Terrain, das ihnen zugewiesen wurde bei der Aufteilung der Welt unter den Geschlechtern. Dass dieses Gebiet nun auch verteidigt werden will, versteht sich. Unfair ist es trotzdem. Besonders unfair ist die allgegenwärtige Papa-Unzufriedenheit natürlich gegenüber denen, die Engagement zeigen. Und das sind heute weitaus mehr als etwa in meiner Kindheit in den Siebzigerjahren.

»Wieso sollen wir Frauen jetzt auch noch den Männern helfen, bessere Väter zu werden, sollen die doch selber mal was tun«, höre ich sie, die seit langem schon aktiv in der Frauenbewegung ist, und andere, die ähnlich denken. Doch Unrecht mit Unrecht zu beantworten ist dann doch nicht die beste Lösung. Vor allem deswegen, weil die fehlende Ausgeglichenheit des Geschlechterverhältnisses ja nur scheinbar jene stärkt, die oben liegen – ich bleibe dabei, dass Eltern sein zu zweit besser ist als allein beziehungsweise fast allein.

Leider sind gerade »wir Frauen« nicht selten unfair. In der Tat ist es neben der strukturellen Beantwortung von Unrecht mit Unrecht, die viele Frauen praktizieren, ein ganz typischer Mechanismus, besonders von frauenpolitisch engagierten Frauen – also auch von mir –, etwa die Partnermonate-Väter zu belächeln: ihre in der Mehrzahl von ökonomischen Ursachen gelenkte Entscheidung, für zwei Monate beim Baby zu bleiben, als antigleichberechtigt zu tadeln und ein Gesetz zu fordern, das die Elternzeit-Monate verpflichtend paritätisch aufteilt. Die Väter machen doch in dieser Zeit Urlaub mit Frau und Baby oder nutzen die acht Wochen, um in Ruhe den Hobbykeller zu entrümpeln, so wird häufig gelästert. Was auch immer in der väterlichen Elternzeit passieren mag, sie erscheint den meisten als zu kurz und nicht ernsthaft betrieben.

Ernsthafter betrieben hat etwa Tillman Bendikowski die Elternzeit, wie er in seinem Buch *Allein unter Müttern* beschreibt. Und er hat dabei beobachtet, dass Mutterschaft mit Perfektion einhergeht:

»Mutter hat alles dabei: Windeln, Tücher, Abfallbeutel. Ersatzkleidung, Mütze, Regenhose. Taschentücher, Sonnencreme, Nagelschere. Essen, Trinken, Knabbern; für die Kinder und für sich. So ausgestattet, ist eigentlich – vielleicht mit Ausnahme der Landung von Außerirdischen – jeder möglichen Eventualität zu begegnen. Mama hat alles fest im Griff, sie ist der eigentliche Souverän des Geländes. Fast überflüssig zu erwähnen, dass ich mich selbst zuweilen als ziemlich lausige Spielplatzmutter entpuppte; meine größten Schnitzer waren die zumeist vergessenen Regenhosen.«

Dieser mütterliche Drang nach Perfektion sorgt für viel selbstverursachten Stress, das weiß ich aus eigener Erfahrung. Er ist auch statistisch belegbar: So bekennen 56 Prozent der Männer und 73 Prozent der Frauen, die für die Forsa-Studie im Auftrag der Zeitschrift *Eltern* 2015 befragt wurden: »Ich habe sehr hohe Ansprüche an mich selbst.« Umso mehr sollte ein Vater, der doch immer noch den Bonus des Neuankömmlings hat auf diesem früher rein weiblich dominierten Terrain, auch tatsächlich neue Wege gehen dürfen.

Willkommen im »Gedöns«

──── »Als mein Mann seinem Chef erzählte, dass wir unser zweites Kind erwarten, antwortete der nur mit einer Frage: ›Nehmen Sie dann wieder diese Elternzeit?‹«

Das erzählt mir eine Frau, die begeistert davon ist, wie engagiert ihr Mann die Kinderbetreuung gleichberechtigt mit ihr zu teilen bereit ist, und rollt die Augen. Zu Recht! Die Vereinbarkeit von Erwerbstätigkeit und Familie ist für Frauen gewiss kein Kinderspiel. Für Männer ist dieser Spagat eine noch größere Herausforderung, da das »Gedöns«, von dem Gerhard Schröder 1998 als Bundeskanzlerkandidat 1998 in Sachen Ministerium für Familie, Senioren, Frauen und Jugend sprach, immer noch als Frauensache gilt. Wenn sich Wirtschaft und Politik zwar vermeintlich familienfreundlich zeigen, die damit verbundenen Angebote aber eigentlich nur für Mütter gelten, zeigt sich die Ungleichbehandlung von Männern und Frauen aufs Neue.

Wie fühlt es sich an, wenn ein Mann beides will, Beruf und Familie? »Man zahlt einen Preis dafür«, meint der Kölner Journalist Thomas Gesterkamp. Er ist schon vor Jahren beim »Gedöns« gelandet und hat ein Buch über »die neuen Väter zwischen Kind und Karriere« geschrieben. Dabei ging es ihm nicht um das launige Bekenntnis einer Edelfeder, die in ein paar Wochen das Wickeldiplom absolviert hat. Für Gesterkamp ist die aktuelle Väter-Bewegung ein zartes Pflänzchen, das langsam wächst und dabei viel Unterstützung benötigt. Und an dem zu viel und voller Ungeduld gezogen wird.

Warum nehmen Väter denn nun nur zwei Partnermonate Elternzeit, frage ich ihn, der häufig öffentlich Partei ergreift für die Partnermonate-Papas. Er antwortet mir in einer E-Mail:

»Immerhin ein gutes Viertel der Väter in Elternzeit (also um die acht Prozent aller Väter) nimmt mehr als die zwei Monate – so lautet die positive Lesart einer angeblich schlechten Nachricht. Das hat in der Tat nicht nur ökonomische Gründe nach dem Motto: Mehr kann sich die Familie nicht leisten, wenn der Mann (wie häufig) mehr verdient, sondern auch psychologische: Viele Mütter wollen die ersten zwölf Monate gerne zu Hause bleiben, und die Väter möchten ihnen nichts wegnehmen. Und schlicht biologische: Die meisten Frauen stillen. Gut, man(n) kann auch abpumpen oder mit dem Baby in den Betrieb der Mutter hetzen, aber besonders praktisch ist das nicht.«

Mit diesen Argumenten liegt Thomas Gesterkamp natürlich richtig. Und deshalb ist ein pauschales Partnermonatepapa-Bashing auch keine Lösung. Trotzdem stört es mich, dass mit ihnen die Akzeptanz der Elternzeit von der Bundesregierung als unglaublicher Erfolg gefeiert wird. Doch zugegeben, dafür können Väter nichts – auch wenn es sie einigermaßen davon freispricht, länger in Elternzeit zu gehen oder sich für Arbeitszeitverkürzung statt Lohnerhöhung einzusetzen.

Mir fällt das Feiern jedes Väter-Antrags auf zwei Partnermonate auch deshalb so schwer, weil ich – nicht nur mit den Müttern, an denen von der Karriere-Auszeit bis hin zur Kitasuche wieder einmal alles hängen bleibt jenseits der Partnermonate, und den Kindern, die vielleicht gerne mehr Papazeit gehabt hätten – Mitleid mit den Vätern empfinde …

Der mit dem Teilzeit-Elternjob

————— Ist das wirklich alles? Zwei Monate, vier Monate, ein kurzes Intermezzo, und dann wieder zurück in den Berufsalltag? Im Winter die Kinder unter der Woche nie bei Tageslicht sehen? Ist das der neue Vater? Der sich mit einem Teilzeit-Elternjob zufriedengibt? Der sich tatsächlich als Mama zweiter Klasse bewerten lässt? Kein Wunder, dass das aktuelle Vaterbild so blass daherkommt.

Ich glaube, wir sind einem Irrtum aufgesessen: Vor über 40 Jahren, als Frauen nicht mehr länger auf ihre Mutterschaft reduziert werden wollten, damals, als Männer familiäre Teilhabe beanspruchten, wurden diese Forderungen zum Teil mit neuen, außerfamiliären Kinderbetreuungsangeboten beantwortet. Ein Fehler, der heute noch beziehungsweise wieder gemacht wird!

Glaubt man aktuellen Medien und der amtierenden Bundesregierung, so ist Quote plus Kita gleich Kinder und Karriere. Diese Gleichung klingt zwar gut, stimmt aber trotzdem nicht.

Neben den Berufen, deren Schichten mit den gängigen Kita-Schließzeiten absolut unvereinbar sind, und den Gegenden, die trotz aller Versprechen der Bundesregierung kein flächendeckendes Kita-Netz haben, gibt es immer noch die Frage, ob wir das wirklich wollen: Die Kinder wegorganisieren, möglichst in eine 24-Stunden-Kita, sodass wir ungestört und ausschließlich alle Kraft und Zeit in unsere Erwerbstätigkeit fließen lassen können.

Ich will es nicht, und ich bin davon überzeugt, dass viele andere, Frauen wie Männer, meine Meinung teilen. Gerade heute, wo klar ist, dass der Ruhestand in den wenigsten Fällen mit einer dicken Rente versüßt wird, die Weltreisen und Wohlstand garantiert, wenn also feststeht, dass wir sehr lange und sehr viel arbeiten müssen, nicht selten ohne Garantien und ohne Sicherheit, dann müssen wir von Anfang an Zeit einfordern für Familie. Und das gilt für Mütter ebenso wie für Väter.

Dass Mütter mit den aktuellen Angeboten hinsichtlich Vereinbarkeit von Beruf und Familie nicht wirklich zufrieden sein können, ist hinlänglich bekannt. Von einer »Alles ist möglich-Lüge« schreiben die Journalistinnen

Susanne Garsoffky und Britta Sembach, die für Väter noch komplizierter ist als für Mütter. Denn bei ihnen kommt neben dem ganzen Stress noch hinzu, dass es wie bereits mehrfach erwähnt auch heute noch so gut wie keine Vorbilder für sie gibt, sieht man einmal von Celebritys wie Brad Pitt ab.

Brad Pitt bringt seine aktuell sechs Kinder sicher hauptsächlich mit seinem vielen Geld unter einen Hut mit seiner Karriere. Aber auch wenn ein solches Leben mit dem eines durchschnittlichen Vaters in Deutschland kaum zu vergleichen ist, taugt der US-amerikanische Schauspieler durchaus als Vorbild. Vor kurzem ging durch die Presse, dass Pitt über sich selbst sagt, er hätte entdeckt, dass er sich ganz gut machen würde als Vater. In einem Interview mit dem britischen Magazin *Psychologies* erzählt er dann, dass er sich tatsächlich als reichster Mann der Welt fühlt – seitdem er Kinder hat.

»Ich sorge mich viel mehr um meine Kinder als um mich selbst. Das ist für mich die wahre Definition von Liebe: Du siehst an dir selbst vorbei und wirst dadurch großzügiger, lernst, mehr zu geben. Weil du das Beste für deine Familie willst.«

Hört, hört – nicht nur eine Mutter will das Beste für ihre Kinder, für ihre Familie. Das kann auch ein Vater.

Lauter reichste Männer der Welt

————— Ich habe sie bereits erwähnt, die Lücke hinsichtlich der Bedeutung der besonderen Beziehung zwischen Vater und Kind: Die wird seit der Einführung der Elternzeit von unserer Gesellschaft mit einem sehr dürftigen Inhalt geschlossen – und zwar ziemlich hektisch: Acht Wochen Power-Wickeln, das muss reichen bis zur Einschulung. Das Einzigartige in der Beziehung zwischen Mutter und Kind wächst von Minute zu Minute, da sind sich alle einig. Selbst wenn das Kind seinen ersten Schritt in der Kita macht, an der Hand einer Erzieherin und nicht der Mutter. Anders ist das beim Vater: Das Einzigartige in seiner Beziehung zum Kind, das meinen neuerdings immer mehr, seien die Erfahrungen in der Elternzeit. Plus die Samstagnachmittage später auf dem Fußballplatz oder im Schwimmbad.

Das soll genug sein?

Bei aller Bedeutung der Elternzeit und ihrer möglichst paritätischen Aufteilung dürfen wir nicht vergessen, dass die meisten Kinder auch nach der Elternzeit noch viel Zeit in Anspruch nehmen. Die Einführung von ElterngeldPlus und Partnerschaftsbonus zum 1. Januar 2015 verlängert die seit 2007 angebotenen zwei Monate auf vier Monate in Familien, in denen Mutter und Vater beide nach der Geburt Teilzeit arbeiten. Nicht mal ein halbes Jahr – das ist verglichen mit der Zeit, in der ein Kind betreuungsintensiv ist, wirklich extrem kurz.

Eltern sein, das ist lebenslänglich. Daran müssen wir denken bei der Bewertung der Elterngeld-Inanspruchnahme. Einige Väter tun das tatsächlich bereits. 2014 wurden in einer gleichnamigen Studie »Nachhaltige Effekte der Elterngeldnutzung durch Väter« festgestellt. Etwa jeder vierte Vater reduziert unmittelbar in Anschluss an seine Elternzeit seine Arbeitszeit. Ich finde, das ist ein guter Schritt in die richtige Richtung. Den sehe ich auch hier: Eine aktuelle Statistik der DAK-Gesundheit belegt, dass im Jahr 2014 mehr als 15 Prozent aller Anträge auf Kinderpflege-Krankengeld in Bayern von Männern gestellt wurden. Verglichen mit dem Jahr 2007 hat sich die Zahl der kümmernden Papas also fast verdoppelt.

Eigentlich geht es in dieser Diskussion ja gar nicht um die Elternzeit, sondern darum, ob der Fokus von der Erwerbstätigkeit nun wirklich auf die Familie gerichtet werden kann – denn das ist es doch, wofür sich die »neuen Väter« seit Jahren interessieren. Ob sie den »Ernährer« tatsächlich loswerden können von ihrer Rollenzuschreibung.

Es ist vollkommen klar, dass damit Gespräche mit Arbeitgebern, ökonomische Überlegungen und gemeinschaftliche Abwägungen etwa über die Länge der Stillzeit verbunden sind. Denn dass die Familienfreundlichkeit der meisten deutschen Unternehmen mehr den Frauen gilt als den Männern, das ist eben kein Geheimnis. Ganz offensichtlich ist diese Geschlechtertrennung hinsichtlich Familienförderung auch mit der Geschlechtertrennung in Sachen Karriereleiter verbunden: Wenn eine Sachbearbeiterin in Teilzeit gehen will, um mehr Zeit für ihre Kinder zu haben, ist das fast immer möglich. Bei einem Abteilungsleiter ist es eher selten.

Familien, in denen Papa Teilzeit und Mama Vollzeit arbeitet, sind rar: Knapp 6 Prozent der Männer mit einem oder mehreren minderjährigen Kindern machen das so in Deutschland, so das Statistische Bundesamt. Und nur ein Viertel von ihnen gibt als Begründung für die Arbeitszeitreduzierung die Vereinbarkeit von Familie und Beruf an, die anderen haben keine andere Beschäftigung gefunden oder befinden sich in Aus- und Weiterbildung.

Auf der anderen Seite haben in Deutschland bei Paaren mit Kindern nur 11 Prozent der Frauen die Ernährerinnenrolle inne. Dieses Modell wählen übrigens mehr Familien in Ostdeutschland als in Westdeutschland. Was sicherlich auch mit der gesellschaftlichen Prägung zu tun hat: Erwerbstätigkeit von Frauen war zu DDR-Zeiten etwas völlig Normales und sogar von staatlicher Seite Erwünschtes, ihre Arbeitskraft war ebenso wichtig wie die von Männern.

Wir müssen noch mal über Geld reden

———— Bei ihrer Dankesrede hat die 2015 mit einem Oscar ausgezeichnete US-amerikanische Schauspielerin Patricia Arquette überraschend Klartext gesprochen.

»Danke an alle Frauen, die alle Bürger und Steuerzahler dieser Nation geboren haben. Wir haben für die Gleichberechtigung aller anderen gekämpft. Nun ist es an der Zeit, dass auch wir ein für alle Mal gleiche Bezahlung und gleiche Rechte für Frauen in den USA haben.«

Nicht nur in Hollywood gibt es einen Gender Pay Gap: Hier, im alten Europa, verdienen Frauen auch weniger als Männer, gehören weniger Frauen in die Spitzeneinkommens-Liga als Männer. Und auch dieses Ungleichgewicht der Geschlechter macht sich am Ende des Tages bemerkbar, weil es sich auf alle Dinge auswirkt, die wir vermeintlich frei zu entscheiden glauben.

Ich wünsche mir, dass diese Form der Geschlechterungerechtigkeit noch viel stärker von Müttern und Vätern diskutiert wird, im Privaten wie im Öffentlichen, sprich am Arbeitsplatz. Weil sie eben beide betrifft und nicht nur die, deren Lohntüte am Monatsende weniger Inhalt vorzuweisen hat bei gleicher Leistung und Qualifikation.

»Würden Sie auch drei Jahre mit ihrem Kind zuhause

bleiben?«, frage ich einen Mann, der mir auf einem Väter-Kongress von seiner Überzeugung erzählt hat, seinen Sohn erst im Kindergarten mit Fremdbetreuung zu konfrontieren. »Ja«, sagt er sofort, »aber das können meine Frau und ich uns nicht leisten.« Die Lohnunterschiede zwischen Mütter- und Vätergehältern stecken in den meisten Fällen hinter der Aufteilung der Eltern- und Betreuungszeit. Ein Grund mehr für Männer, sich ebenfalls gegen den Gender Pay Gap zu stemmen. Die Differenz zwischen dem Einkommen einer Erzieherin und einem Wirtschaftsprüfergehalt wird sich dadurch allerdings kaum überwinden lassen.

Also noch einmal zurück zur Elternzeit und zum Elterngeld, das mit seinem Pioniercharakter einen Kulturwandel eingeläutet hat. Um den auf ökonomischen Argumenten basierenden *common sense* »Meine Frau bleibt beim Kind daheim« zu einer wirklich freien Entscheidung zu machen, benötigen wir eine Veränderung der Berechnung der einkommensabhängigen Unterstützung für die Elternzeit. Ich halte das für absolut notwendig. Denn in nicht wenigen Fällen will »mein Mann« zuhause bleiben mit dem Kind, was sich aber einfach nicht rechnet.

Eine Lösung könnte sein, die Einkommen von Mutter und Vater zusammenzunehmen – selbstverständlich unabhängig davon, ob die beiden verheiratet oder gleichgeschlechtlich sind oder nicht. Bleibt dann ein Elternteil nach der Geburt beim Kind, so fallen 50 Prozent dieses gemeinschaftlichen Einkommens weg. Die müssen dann über das Elterngeld ausgeglichen werden. Daran geknüpft könnte man die Anzahl der maximalen Monate der Elternzeit gleichmäßig unter Mama und Papa aufteilen.

Aus dem Geschlechter-Baukasten

———— Und noch etwas sollte künftig paritätisch verpflichtend aufgeteilt werden: die Verantwortung für die Kinder. Die nicht mit einem geregelten Einkommen übernommen wird, auch wenn das immer noch viele Anhänger der Idee »Vater gleich Ernährer« meinen. Ich meine das, was Wissenschaftler als »Konstruktion der Geschlechter« beschrieben haben.

Wer, Papa oder Mama, braucht das Kind mehr zur Stärkung seiner eigenen Position in der Familie? Denn damit ist das übermächtige Mutterbild letzten Endes auch verbunden – ohne Kind kann eine Frau gar nicht zum Mythos werden. Dass das Kind auch zum Mann gehört, das muss im Alltag, in den Köpfen aller, neu ausgehandelt werden, so banal es auch klingt. Der Tübinger Männer- und Jungenberater Reinhard Winter kennt das aus seiner eigenen Familie:

»Nachdem meine Frau ein Jahr mit unserer Tochter zuhause war, blieb ich zuhause. Von hundert auf null. Meine Frau hat gedacht, wenn sie von der Arbeit nach Hause kommt, sieht es da so aus wie früher, als sie mit unserer Tochter daheim war. Das war nicht so – und so mussten wir neu verhandeln. Ich glaube, dass es Frauen schwerfällt, ihre eigenen Vorstellungen loszulassen und die ganze Verantwortung abzugeben. Vielleicht steht ihnen oft die Koppelung von Mütterlichkeit und Weiblichkeit im Weg, weil sie ein schlechtes Gewissen haben, wenn sie in der Arbeit sind und nicht daheim beim Kind?«

Es ist diese Koppelung von Mütterlichkeit und Weiblichkeit, die häufig die Gleichheit von Müttern und Vätern verhindert. Und eben diese gelebte Ungleichheit sorgt dann für Probleme, gerade hier, im Privaten, das viele doch gar nicht politisch sehen wollen.

Fühlt sich eine Frau erst richtig weiblich, nachdem sie ein Kind zur Welt gebracht hat, kann es diese Frau durchaus in Schwierigkeiten bringen, wenn sie einen Teil ihrer »neu errungenen Weiblichkeit«, nämlich die Kinderbetreuung, stundenweise an Partner oder Kita abgeben soll.

Ich kenne kaum Väter, die im Büro in einer wichtigen Besprechung sitzen und darüber nachdenken, ob sie ihrem Kind nicht besser ein Käsebrot statt eines Salamibrotes für die Schulpause eingepackt hätten. Mütter hingegen kenne ich einige, mich selbst mit eingeschlossen.

Die Geschlechter-Konstruktion ist heute kompliziert. Da wird zwischen sozialem und biologischem Geschlecht unterschieden und von »Gender« gesprochen, was manche Frauen sogar so verstehen, dass man ihnen neuerdings die Fähigkeit absprechen möchte, Kinder kriegen zu können. Dann gibt es Menschen, die sich weder der Gruppe der Männer noch der Gruppe der Frauen zugehörig fühlen, die dazwischen sind oder irgendwie im falschen Körper stecken. Mit Sicherheit hat es all diese Empfindungen auch früher schon gegeben, doch heute ist es leichter – und schwieriger zugleich –, sich darüber auszutauschen.

Trotz und vielleicht sogar wegen all dieser Schwierigkeiten ist es immens wichtig, Türen zu öffnen. Nicht nur Mütter können trösten. Sie können sich an den Vater wenden und ihn einfach mal machen lassen. Ohne vorher einen genauen Regelkatalog zu formulieren. Und ebenso können sie das Kind in die Verantwortung der Erzieherinnen in der Kita übergeben, auch wenn es beim Abschied protestiert.

Denn von der anderen Seite kommend, kann diese Geschlechter-Konstruktion natürlich auch für den Vater Probleme mit sich bringen. Ist er überhaupt noch männlich, wenn er den Babybauch sanft massiert auf der Suche nach einem quälenden Pups und anschließend den Babypopo sorgfältig abwischt – sich also aus dem weiblichen Baukasten, Abteilung Pflege, bedient?

Reinhard Winter kennt diese Fragen gut aus seiner Praxis als Männer- und Familienberater. Und weist dann immer auf das Weinen hin: Wenn ein Mann weint, geht durch das Heulen keinesfalls seine Männlichkeit verloren. Sondern es wird als Mann geweint. Ebenso wird als Mann sanft massiert, nach einem Pups gesucht und hinterher sauber gemacht.

Die Vaterchance

———— Der Journalist Georg Cadeggianini erzählt in seinem Buch *Aus Liebe zum Wahnsinn* von seinem Leben mit Frau und sechs Kindern – inzwischen sind es sieben. Cadeggianinis Work-Life-Modell ist auf einer strikten Trennung von Familie und Beruf aufgebaut: Zwei Wochen im Monat ist er in Hamburg und arbeitet in einer Redaktion, zwei Wochen lebt er in München bei seiner Familie. Während dieser Zeit kann seine Frau arbeiten. In einer Szene beschreibt Cadeggianini ein Gespräch mit einer Bekannten, die ihm vorwirft, er lebe auf Kosten seiner Frau, die die Kinder am Hals habe, während er sich einen faulen Lenz machen würde. Cadeggianini sieht das anders:

»Ich könnte jetzt Vorteile einer Großfamilienfernbeziehung aufzählen. Ich könnte davon erzählen, wie toll das alles ist. Davon, länger arbeiten zu können, ohne das mulmige Gefühl, eigentlich schon längst woanders sein zu sollen und zu wollen. Davon, keinen Büro-Stress mit nach Hause zu bringen. Wie viel Vaterchance hat man denn sonst so? Wer voll arbeitet, ist eben auch voll weg. Da ist es schon fast egal, wo man wohnt: Ich wäre kaum vor acht zu Hause, käme sogar zu spät für die Gutenachtgeschichte.«

Die »Vaterchance«, um genau die werden viele Väter gebracht. Zum größten Teil aus strukturellen Gründen – weil Erwerbstätigkeit immer noch Familienleben sticht, weil trotz aller Gleichberechtigungsversuche Männer eben immer noch das Label »Familienernährer« an der Hacke kleben haben, weil ihre Partnerinnen meinen, ein Kind gehöre zur Mutter – und weil sie all dem nicht mit genügend Gegenwind begegnen. Aber auch, weil sie oft zu zögerlich sind und ihre Chance verstreichen lassen. Das alles ist schlecht, und zwar für alle Beteiligten!

Es ist der eingangs geschilderte Spagat, der Mütter – und selbstverständlich auch Väter – im Alltag unter großen Druck setzt: Der gestresste Mensch mit den zwei Kindern morgens an der Bushaltestelle ist heute häufig auch ein Vater, im Gegensatz zu meiner Kindheit in den Siebzigerjahren. Besonders morgens, wenn ich meine Söhne zur Schule oder in den Kindergarten bringe, treffe ich ganz selbstverständlich auch die Väter ihrer Kameradinnen und Kameraden. Einer schiebt einen Buggy, der nächste radelt seinem Sohn hinterher, wieder einer kommt per Taxi, steigt aus, bringt sein Kind bis zum Schultor und fährt dann mit dem Taxi weiter, wahrscheinlich zu einem eiligen Termin.

Die Vereinbarkeit von Beruf und Familie ist eine gewaltige Herausforderung, die gesamtgesellschaftlich diskutiert und gelöst werden muss. Wir brauchen Visionen wie die Einführung einer 32-Stunden-Woche für Papa und Mama –

auch wenn wir hier noch einmal genau nachrechnen müssen: Schließlich sind zweimal 32 gleich 64 Stunden; eine 1,5-Stelle, die bislang als Blaupause für die Elternerwerbstätigkeit gegolten hat, entspricht aber 39 plus 18,5 gleich 58,5 Stunden.

In jedem Fall dürfen wir den alten Fehler nicht wieder und wieder wiederholen und Vereinbarkeit ausschließlich zum Mütterthema machen. Es ist auch ein Väterthema – erst wenn das überall, auch in den konservativsten Stuhlreihen der Privatwirtschaft, angekommen ist, finden wir eine umsetzbare Lösung zur Umwandlung des Wahnsinns in Normalität.

Daneben möchte ich noch einmal betonen: »Die Väter« sind nicht schuld am Stress »der Mütter«. Weil es »die Väter« eben gar nicht gibt: Der Mann, der nach sechs Monaten Elternzeit seine Arbeitszeit reduziert, um sich mehr seiner Familie widmen zu können, ist zwar ebenso Vater wie der Mann, der auch nach der Geburt seines dritten Kindes 50 Wochenstunden plus arbeitet und selten vor 21 Uhr sein Büro verlässt – trotzdem sollten wir die beiden und alle anderen mit ihren individuellen Geschichten nicht in einen Topf werfen. Denn das möchten »wir Frauen« ja auch nicht: in einer Gebärfähigen-Einheitssuppe schwimmen und unter dem vermeintlichen Joch des Mutterinstinkts alles Handeln nach dem Kindeswohl ausrichten.

Natürlich gibt es nicht wenige Väter, die den Vereinbarkeits-Stress so sehr scheuen, dass sie lieber am alten Modell festhalten: Papa ist immer im Büro, Mama nur ein bisschen, sonst ist sie bei den Kindern. Das ist aber nicht nur unfair gegenüber all den deshalb Vereinbarkeits-gestressten Müttern, sondern schadet den scheuenden Papas am Ende auch selber.

Dass der Spagat zwischen Job und Familie nicht nur

mit den Fahrplänen des öffentlichen Nahverkehrs oder der Taktung von Abteilungsmeetings fern der üblichen Kita-Schließzeiten zu tun hat, beschreibt Robert Habeck in *Spiegel Wissen*. Er hat vier Kinder, ist Schriftsteller und Grünen-Politiker und derzeit stellvertretender Ministerpräsident in Schleswig-Holstein.

»Das Schwierigste an Berufstätigkeit und Familie ist vielleicht gar nicht die organisatorische Technik, sondern die Synchronizität der Gefühle hinzukriegen. Man kommt müde nach Hause, und da tobt der Bär. Man platzt vor Liebe, und die Kids wollen lieber Playstation zocken. Man ist aufgeputscht, und zu Hause herrscht Liebeskummer, aber man wusste es nicht.«

Ich finde das einen sehr interessanten Aspekt an der ganzen Vereinbarkeits-Debatte, der bislang so gut wie gar nicht diskutiert wurde – und der absolut geschlechterübergreifend ist. Und vielleicht ist das ja auch etwas, was vielen Männern irgendwie unangenehm ist am Elternsein: ständig im Wechselbad der Gefühle zu schwimmen. Als müssten sie dauerhaft an einem prämenstruellen Syndrom leiden, das mit Sicherheit nicht zum Standard ihres Geschlechter-Baukastens gehört. Frauen kennen das natürlich besser, dieses Gefühlsbad: Sie werden ja auch immer wieder als Opfer von Hormonen bezeichnet, die ihre Stimmungen schwanken lassen, von der Pubertät über die Schwangerschaft bis hin zu den Wechseljahren.

Papa – ein Auslaufmodell?

——————— Wann wird ein Mann zum Vater? Das ist in Deutschland gesetzlich festgelegt: Vater eines Kindes ist der Mann, der zum Zeitpunkt der Geburt mit der Mutter verheiratet ist. Beziehungsweise der Mann, der die Vaterschaft anerkannt hat. Beziehungsweise der Mann, dessen Vaterschaft gerichtlich festgestellt wurde.

Es ist heute möglich, ein Kind über eine Samenspende zeugen zu lassen und zur Welt zu bringen, ohne den samenspendenden Mann, der ja dadurch wenigstens im biologischen Sinne zum Vater wird, jemals kennenzulernen. Es ist auch möglich, ein Kind aus der befruchteten Eizelle einer anderen Frau auszutragen, auch wenn das in Deutschland verboten ist. Hierzulande gilt dann trotzdem die Leihmutter als Mutter des Kindes: Mutter ist in Deutschland immer die Frau, die das Kind geboren hat.

Dass Menschen, die sich für diese nicht klassischen Möglichkeiten der Elternschaft entscheiden, dafür gute Gründe haben, sei es, weil sie in gleichgeschlechtlichen Partnerschaften leben oder selbst aufgrund körperlicher Defekte etwa keine Kinder zur Welt bringen können, steht außer Frage. Doch sie sind bis heute noch eher die Ausnahme als die Regel. Und auch wenn Regenbogenfamilien, in denen gleichgeschlechtliche Eltern und ihre Kinder leben, inzwischen keine Seltenheit mehr sind, müssen wir doch Antworten auf diese Fragen finden, die das »klassische Modell«, bestehend aus Mama, Papa, Kind, betreffen: Werden Väter heute noch gebraucht? Sind sie wirklich unverzichtbar? Reichen Mama und Medien nicht längst aus, unterstützt von Kita und Sportverein, um ein Kind großzuziehen?

Nein! Auch wenn etwa alleinerziehende Mütter jetzt reflexhaft ansetzen zu bestätigen, dass Väter nettes Beiwerk sind in ihrem Leben mit Kindern – was in ihren Fällen bestimmt auch richtig ist –, bin ich davon überzeugt, dass wir alle unterm Strich nicht auf Väter verzichten wollen. Neben der Tatsache, dass sich der Vereinbarkeits-Kampf gegen die Strukturen nur dann wirklich gewinnen lässt, wenn er gesamtgesellschaftlich und geschlechterübergreifend geführt wird, brauchen wir Väter an der Seite der Mütter und der Kinder. Engagierte Väter, neugierige Väter, Väter, die offen sind, ihre Vaterschaft anzunehmen, die Verantwortung tragen wollen.

Diesen großen Bedarf an Papas bestätigt nicht zuletzt auch die statistische Häufung von Problemen von Kindern, besonders Jungen, die ohne männliche Bezugspersonen aufwachsen. Die Schuld an diesen Sorgenkindern tragen aber nicht ihre alleinerziehenden Mütter oder das zumeist weibliche pädagogische Personal aus Kita und Schule. Es ist vielmehr die hässliche Fratze der Ungleichheit der Geschlechter, die uns hier die Zunge herausstreckt: Wenn Väter als verzichtbar bezeichnet werden, dann sind sie eben auch nicht da. Das trifft am Ende dann meistens die, die gar nicht mitentschieden haben bei der Frage, ob Mama nun genug Eltern ist oder nicht: die Kinder.

Mama ist nicht genug

————— Reinhard Winter kümmert sich um viele Familien, in denen kein Vater ist. Ebenso berät er Männer, die keinen Kontakt mehr zu ihren Kindern haben. Ich frage Winter ganz pauschal: »Geht es auch ohne Vater?« Er antwortet:

»Ja, natürlich, es geht. Es geht auch ohne Mutter. Kinder überleben auch ohne Mutter. Und so geht es eben auch ohne Vater. Aber ist das gut? Nein. Alle Männer, die ich kenne, die ohne Vater aufgewachsen sind, leiden darunter. Und deshalb ist es einfach viel besser, wenn es einen Vater gibt, der eine aktive Beziehung zu seinem Kind hat und hält.«

Auch Winter will keinesfalls die Lebensmodelle von anderen bewerten, deshalb sagt er mir auch, er sei voller Bewunderung für alleinerziehende Mütter, die wirklich großem Stress ausgesetzt sind:

»Das ist eine furchtbare Belastung oder Überlastung. Ich habe wirklich Hochachtung vor alleinerziehenden Müttern, die es einigermaßen hinkriegen, hingekriegt haben. Ich weiß nicht, wie man das schaffen kann, von der Liebesenergie zum Beziehungsmanagement bis zur Finanzierung.«

Dass es geht, steht außer Frage, und dass es gut geht, auch nicht – das wahrscheinlich inzwischen beste Paradebeispiel eines Kindes, aus dem mehr als nur etwas geworden ist, obwohl es ohne Vater bei der alleinerziehenden Mutter aufgewachsen ist, das ist Barack Obama. In seinem Buch *Ein amerikanischer Traum* schreibt der erste schwarze Präsident der Vereinigten Staaten über seine Kindheit:

»Es gab nur ein Problem: Mein Vater war nicht da. Er hatte das Paradies verlassen, und nichts von dem, was meine Mutter oder die Großeltern sagten, konnte diese unstrittige Tatsache aus der Welt schaffen. Ihre Geschichten erklärten mir nicht, warum er gegangen war. Sie sagten nicht, wie es vielleicht gewesen wäre, wenn er geblieben wäre. So wurde mein Vater ein Requisit in der Erzählung anderer Leute. Eine gut aussehende Gestalt – der Fremde mit einem Herzen aus Gold, der geheimnisvolle Unbekannte, der die Stadt rettet und das Mädchen zur Frau bekommt –, gleichwohl ein Requisit. Ich war damals zu jung, um zu wissen, dass ich einen anwesenden Vater brauchte und auch eine Rassenidentität. Eine unwahrscheinlich kurze Zeit erlag mein Vater wohl dem gleichen Zauber wie meine Mutter und ihre Eltern; und obwohl der Bann schon gebrochen war und die Welten, die sie überwunden glaubten, sie wieder einholten, bewohnte ich in meinen ersten sechs Lebensjahren die Welt ihrer Träume.«

Obama bringt es auf den Punkt: Es gab nur ein Problem in seinem Leben – sein Vater war nicht da.

Die Schwierigkeiten, die ein abwesender Vater in das Leben seines Kindes bringt, hat nicht nur Barack Obama in seinem Buch beschrieben. Was einmal mehr zeigt: Mama ist nicht genug – Papa ist auch gefragt.

Der »neue Vater«.
Eine Bestandsaufnahme

——————— Nicht erst seit Elterngeld und Partnermonaten wird von ihnen gesprochen, den »neuen Vätern«, die sich deutlich unterscheiden vom strengen und autoritären Herrn Papa, der die erste Hälfte des 20. Jahrhunderts beherrschte: Männer, die sich einlassen auf Familie, die Kinderpflege nicht als Frauensache abtun und denen eine Beziehung zu ihren Kindern wichtig ist.

Die Geburtshelferin der neuen Väter ist die Generation der 68er. Zweifellos war diese Ära eine Zeit der Aufbruchstimmung. Nachdem die Trümmer des Zweiten Weltkriegs einigermaßen beiseitegeräumt waren, forderten auch junge und künftige Väter neue Strukturen und neue Werte. Ihr Protest wandte sich nicht nur gegen die »alten Väter«, die die Nazizeit zugelassen oder gar unterstützt hatten, sondern auch gegen den Verlust einer lebbaren Idee von Vatersein: Sie wollten an der Familie teilhaben und den rein autoritären Erziehungsstil abschaffen.

»Ich will nicht werden, was mein Alter ist«, sang Rio Reiser 1971 in einem Song seiner Band *Ton, Steine, Scherben* und sprach vielen seiner Generation aus der Seele. Leider gab es für sie so gut wie überhaupt keine Vorbilder – was sich bis heute nicht wirklich geändert hat. Und leider wird dieser Generation heute einiges vorgeworfen, und das nicht nur von dem Pädagogen Bernhard Bueb, der meint, es gebe wegen der damals entstandenen, antiautoritären Erziehung heute viel zu wenig Disziplin. Die 68er hätten sich zu sehr darauf verlassen, kritisieren auch andere, dass – frei nach Jean-Jacques Rousseau – der Mensch von Natur aus gut sei und deshalb wenig Großziehen in die richtige Richtung benötige.

Ich bin mir nicht sicher, ob es tatsächlich in der Hauptsache die Forderungen von Männern nach mehr Vatersein waren, die die Veränderungen vor über 40 Jahren einläuteten, oder eher die Frustration von Frauen und (künftigen) Müttern. Die Autorin und Filmemacherin Helke Sander gehört zu den damaligen Aktivistinnen, sie gilt auch als eine der Begründerinnen der Frauenbewegung. Auf der Delegiertenkonferenz des Sozialistischen Deutschen Studentenbundes (SDS), auf der sich die Hauptprotagonisten der damaligen westdeutschen Studentenbewegung trafen, hielt sie 1968 in Frankfurt einen flammenden Vortrag: die berühmte »Tomatenwurf-Rede« – an deren Ende tatsächlich eine Tomate von einer erbosten Mitstreiterin Sanders auf einen der SDS-Delegierten geworfen wurde.

Den Zorn der Frauen löste die Tatsache aus, dass die SDS-Männer zwar allerlei verändern wollten, dabei aber nach wie vor »einen bestimmten Bereich des Lebens vom gesellschaftlichen« abtrennen wollten: das sogenannte Privatleben. Dort standen Frauen aber in einem »Ausbeutungsverhältnis«, das eben durch die Privatisierung unsichtbar gemacht, gar geheim gehalten wurde. Und somit nicht wirklich angeprangert werden konnte von denen, die neue Strukturen forderten und alte Ungerechtigkeiten auflösen wollten.

Neben diesen absolut treffenden Vorwürfen machte Sander ganz unmissverständlich klar, dass alle gesellschaftlichen Veränderungen in der Erziehung der nachkommenden Generationen begonnen werden müssen. Deswegen richtete der von ihr gegründete »Aktionsrat zur Befreiung der Frauen« Kinderläden ein, deswegen versuchte man, Studierende an Universitäten zu politisieren. Kindererziehung ist und war nicht nur Müttersache – das sollten damals auch Männer und Väter verstehen.

Ebenso wie es notwendig war und ist, dass Mütter auch Interesse an einem eigenständigen Erwerbsleben haben. Was am Ende ja auch Väter entlastet und sie vom Ernährerjoch zumindest ein wenig befreit.

Papa ist keine Mama zweiter Klasse

——— Die Geburt der neuen Väter passte genau in die damalige Zeit, weil es einen kollektiven Veränderungswillen gab: Die alten Rollen passten hinten und vorne nicht mehr. Neue mussten her.

Doch diese neuen Rollen sind vielerorts nur zaghaft mit Leben gefüllt worden, sodass der deutsche Vater nach wie vor im Schatten steht. Was auch daran liegt, dass das Neue und Moderne der Väter häufig eine eher dürftige Kopie dessen ist, was Mütter tun und schon immer getan haben.

Papa ist heute so etwas wie Mama zweiter Klasse. Ähnlich bemüht, aber nicht so angesehen. Das ist natürlich nicht wirklich attraktiv. Aber leider weit verbreitet: Deshalb wird ein Vater, der auf dem Elternabend in der Kinderkrippe mit den anwesenden Müttern über Windeln fachsimpelt, gerne hinter seinem Rücken als »Softie« belächelt. Deshalb hat sich der blöde Witz vom »Wickelvolontär« bis heute gehalten – so wurde der CSU-Politiker Stefan Rößle 2008 auf *Spiegel Online* bezeichnet, nachdem er als erster deutscher Landrat für zwei Monate in Elternzeit gegangen war, nach der Geburt seines fünften Kindes. Und deshalb wird einem Trennungsvater, der jedes Mal aufs Neue weint, wenn er nach einem Papa-Wochenende von seinem Kind Abschied nehmen muss, häufig Unverständnis angesichts von »so wenig Männlichkeit« entgegengebracht.

Es ist höchste Zeit, diese lediglich gut gemeinte Regel ad acta zu legen: Papa ist keine Mama zweiter Klasse. Sondern Papa.

Angst essen Vatersein auf

———— Wie heißt dieses Sprichwort noch: »Vater werden ist nicht schwer. Vater sein dagegen sehr.« Ich kenne Männer, die aus Angst keine Kinder haben. Angst, den medial transportierten Ansprüchen an Väter, beginnend im Kreißsaal, nicht zu entsprechen. Angst, als Familienernährer zu versagen. Angst, den Erwartungen der Partnerin nicht genügen zu können.

Vor ein paar Jahren erschien eine Publikation des Deutschen Instituts für Wirtschaftsforschung, in der ein Forscher belegt, dass arbeitslose Männer davor zurückschrecken, eine Familie zu gründen – und zwar in allen für die Erhebung betrachteten Ländern, Deutschland, Frankreich, Großbritannien und Finnland. Vaterschaft wagen – das wagen nicht alle.

Dabei bringt Vatersein so viel Glück.

Alexander Stelter,[*] Ende 40, ist Vater von drei Töchtern. Seit neun Jahren ist er getrennt von der Mutter seiner Kinder, die seitdem nur noch zeitweise bei ihm leben. Er erklärt mir, warum er Kinder hat, und sein Bekenntnis klingt meines Erachtens nur auf den ersten Blick ungewöhnlich für einen Mann:

»Ich liebe das Leben und kann es gar nicht fassen, welches Geschenk ich erhalten habe. Ich teile gerne meine Freude und mache gerne Geschenke. Und ich war gerne Kind. Deswegen wollte ich dieses Glück, zu leben, ein Kind zu sein, einen eigenen Weg gehen zu können, erwachsen zu werden, eigene Entwicklungen und Eroberungen zu machen, weitergeben.«

Alexander Stelter wird hier noch mehrfach zu Wort kommen. Seine Vater-Biografie ist nicht ungewöhnlich, und doch ist es ungewöhnlich, dass ein Mann zugibt, er konnte kein guter Vater sein in der bestehenden Beziehung zur Mutter seiner Kinder. Der sich trennt, um ein besserer Vater sein zu können. Der den Schmerz durch die Trennung von den Kindern und die damit verbundene Schuld, ihnen etwas geraubt zu haben, auf sich nimmt, für die Kinder. »Ich liebe meine Kinder sehr und bedingungslos. Egal wie und was sie sind«, sagt er.

Auch der Kölner Journalist Thomas Gesterkamp, der viel und regelmäßig über Männerforschung und Väterbilder berichtet, sagt mir, er habe es als große Bereicherung seiner Gefühlswelt erlebt, Vater zu sein und sein Kind zu lieben. Und das sei bis heute so geblieben. Wie Gesterkamp beruflich als engagierter Vater und selbstständiger Journalist immer wieder unangenehmen Situationen aus-

---

[*] Name geändert

gesetzt war, weil er seine Vaterschaft ernst genommen hat, beschreibt er in seinem Buch *Die neuen Väter zwischen Kind und Karriere.*

»Der Anruf des Redakteurs erreichte mich um zwei Uhr mittags in meinem Journalistenbüro. Die Kinderlosen unter meinen KollegInnen waren gerade zum Mittagessen in unser Stammlokal um die Ecke verschwunden. Ich war auch im Aufbruch, aus anderem Grund: Um halb drei wartete die Tagesmutter auf Ablösung. Da mein Radiobericht nicht brennend aktuell war, sagte ich den Aufnahmetermin für heute ab. Ich begründete das mit meinen Familienaufgaben – und löste mehr als Irritation, nämlich Empörung aus. Die war so groß, dass der Redakteur mein Verhalten zum Thema einer Abteilungskonferenz machte. Dort allerdings stießen die Beschwerden zu seiner Überraschung auf Widerspruch – der Frauen sowieso, aber auch einiger Männer.«

Gut zehn Jahre vor der Einführung von Elterngeld und Elternzeit, Mitte der Neunzigerjahre, war ein Vater, der sich für die Vereinbarkeit von Beruf und Familie entschieden hatte, noch ein Exot. Thomas Gesterkamp hat nicht nur beruflich darauf bestanden, auch als Vater wahrgenommen zu werden. Auch von Lehrerinnen oder Erzieherinnen hat er das verlangt, etwa dann, als er die Geschlechtervorgabe einer »Vorlesemutter« für die Grundschulkinder hinterfragt hat.

Was hat sich nun aber verändert seit den 68ern? Ganz langsam wurde ein Angebot der mütterfernen Kinderbetreuung in Westdeutschland entwickelt – in der DDR besuchte 1970 bereits jedes dritte Kind eine staatliche Kinderkrippe. Anders in der BRD: Ich hätte keine Kinderkrippe besuchen können, in den frühen Siebzigerjahren nahe

München, weil es so etwas dort und damals einfach nicht gab.

Der große Knüller ist, dass Papa nun die Geburt seines Kindes miterlebt. Mein Vater war bei meiner Geburt 1972 nicht anwesend. Er kümmerte sich währenddessen um meinen älteren Bruder – außerdem waren Papas im Kreißsaal damals einfach nicht üblich. Der Freund eines Freundes wurde 1976 in Frankfurt am Main geboren, und sein Vater war dabei – zum ersten Mal in diesem Krankenhaus! 1978 dann ging auch der erste Vater aus meiner Nachbarschaft in München mit in die Klinik zur Geburt seines Kindes.

Nach und nach warteten Väter nicht mehr im Aufenthaltsraum des Krankenhauses oder gar in der Kneipe; seit den späten Achtzigern sind sie ganz selbstverständlich bei der Geburt dabei, atmen während der Wehen mit ihren Partnerinnen und dürfen die Nabelschnur durchschneiden. Ein Gynäkologe aus meinem Bekanntenkreis, der seit Jahrzehnten in Rosenheim und Bad Aibling sowohl in Krankenhäusern als auch in unzähligen Privatwohnungen Geburten begleitet hat, erinnert sich, dass diese Wandlung in den späten Siebzigern begonnen und sich bis Mitte der Achtziger flächendeckend durchgesetzt hat.

Naturgemäß zögerten Väter in ländlichen Regionen länger als in den Städten, in den Kreißsaal mitzugehen bzw. bei einer Hausgeburt im Haus zu bleiben, so seine Erinnerungen. Motiviert durch wissenschaftliche Berichte über die Wichtigkeit des Vaters in der kindlichen Entwicklung, die in den Siebzigerjahren veröffentlicht wurden, haben Frauen ihre Männer aufgefordert, die Geburt mit vorzubereiten und mitzuerleben. Einige Männer sind sicher auch selbst auf diese Idee gekommen und wollten von sich aus dabei sein.

Männer werden so schnell ohnmächtig

———— Ich kenne mehrere Frauen aus der Generation meiner Eltern, die betonen, sie hätten es sich nicht vorstellen können, dass ihre Männer mit in den Kreißsaal gegangen wären. Die Gründe hängen mit dem für sie gültigen Männerbild zusammen: Einerseits sind solche »Frauensachen« nichts für Männer, die besser draußen vor der Tür warten sollen und mögliche Gefahren beseitigen, die die Geburt ihres Stammhalters stören könnten. Ganz schön archaisch!

Andererseits sprechen diese Frauen ihren Männern nicht selten die Fähigkeit ab, eine Geburt durchstehen zu können – all das Blut, das laute Geschrei und die vielen Stunden im Krankenhaus. Dieser durchaus problematischen Koppelung von Männern und dem Umgang mit Körperlichkeit, gar mit Krankheiten, begegne ich immer wieder. Wenn mir Bekannte etwa im Scherz erzählen, ihre Partner hätten einen Schnupfen, und ich wüsste ja, was sowas aus einem Mann machen würde.

Dass an diesem Männer- und dem damit verbundenen Väterbild dringend gekratzt werden muss und musste, war auch früher schon klar. Verstärker waren Bücher wie *Neun Monate*, herausgegeben von Monika Seck-Agthe und Bärbel Maiwurm, das 1981 erschienen ist. Neben Zeitungsartikeln von der vermeintlich glücklichen Familie Kohl – Helmut Kohl sitzt beim Brettspiel mit seinen Söhnen am Tisch, während Hannelore Kohl Limonade einschenkt und meint, sie wisse die »väterliche Hand« ihres Mannes in manchen temperamentvollen Momenten mit ihren Söhnen zu schätzen – gibt es dort auch Tagebucheinträge von Müttern und Vätern über Hausgeburten.

Die protokollierten Gespräche mit jungen Männern über ihre Empfindungen während der Geburt gehen richtig unter die Haut: Es wäre ein Gefühl von »Wir haben es geschafft« gewesen – nicht nur seine Frau alleine, erzählt einer. Und noch etwas wurde geschafft – dieses komische »Männer können kein Blut sehen«-Vorurteil wurde ausgeräumt, was bis heute wichtig ist bei der Zeichnung eines neuen Vaterbilds: Dass sie auch hier dabei sein können, ganz selbstverständlich, als Männer.

Leider meinen manche Väter, mit dem Händchenhalten während der Wehen sei der Löwenanteil der Kinderbetreuung erledigt, und der kleine Rest von Wickeln bis Zahnen könnte entspannt von der durch das Im-Wochenbett-Liegen erholten Mutter erledigt werden. Diese Papas können durchaus noch dazulernen – was nicht nur ihren Partnerinnen guttäte, sondern die Väter selbst auch stärken würde, wenn sie gleich nach der Entbindung damit begännen, eine eigene Beziehung zu ihren Kindern aufzubauen.

Dabeisein bei der Geburt steht also mit gutem Grund ganz oben auf der Vater-Liste. Ein Mann, der bei der Geburt seines Kindes nicht dabei war, braucht heute eine wirklich gute Ausrede: Von einem weiß ich, dass er in einem Stau hängengeblieben ist, ein anderer kam aus demselben Grund fast zu spät, fünf Tage vor dem errechneten Geburtstermin. Daneben kenne ich nicht wenige Väter, die äußerst ungern mit in den Kreißsaal gegangen sind, weil sie kein Blut sehen wollten oder im Bekanntenkreis mit Schauergeschichten über Entbindungen panisch gemacht wurden. Andere beschreiben die Geburt ihres Kindes aber als das größte Wunder überhaupt und sind dankbar für jede Sekunde, die sie im Kreißsaal miterleben konnten.

Schließlich hat mich eine Werbeanzeige für Höschen-Windeln in dem Buch von Monika Seck-Agthe und Bärbel Maiwurm überrascht. Auf einem Foto sind zwei Babys in Windeln auf den Schultern ihrer Väter – und nicht etwa im Tragegurt. Im Werbetext wird die Qualität der Windel mit den Worten angepriesen: »So fühlt sich Baby wohler und Vati auch.« Das klingt ironisch – so verstehe ich es an dieser Stelle aber ausnahmsweise mal nicht, sondern eher als Vorbild für engagierte Vaterschaft.

Gestatten: Babybjörn

———— Es gibt eine Reihe schöner Fotos von Paul McCartney und seiner Tochter Stella aus den frühen Siebzigerjahren. Die 1971 geborene Stella wird auf diesen Bildern in der zugezippten Lederjacke oder unter dem T-Shirt von ihrem Vater herumgetragen. Zwei Jahre später wurde der schwedische »Babybjörn« auf den Markt gebracht. Da haben wir es, das mediale Symbol des modernen Vaters. Und praktisch gesehen ist daran gar nichts auszusetzen.

Seit den Achtzigerjahren haben sich viele Väter ihre Babys in Tragegurten auf den Bauch geschnallt. Der Babybjörn und ähnliche Modelle sind seitdem das klassische Geschenk für Väter zur Geburt ihres Kindes – mit Schnallen und Gurten sind diese rucksackähnlichen Babytragen vielen Männern lieber als das klassische Tragetuch, das gewickelt und geknotet wird.

Das einzige Problem am Babybjörn und seinen Gurt-Geschwistern ist, dass mit ihnen das Bild des neuen Vaters irgendwie Schlagseite erhalten hat. Papa trägt das Baby jetzt auch, in einem angemessenen männlich-technischen

Behältnis. Und wird dadurch plötzlich so weich und emotional wie Mama.

Dass Papa das Baby wie Papa und keinesfalls wie Mama trägt, wird dabei weggeschoben. Diese Verschmelzung der Geschlechteridentitäten kann wie bereits erwähnt zu Problemen führen: zum einen in der Paarbeziehung, wo es zu Konkurrenz kommen kann zwischen Mama und der B-Version von Mama. Andererseits kann das Selbstbild des Mannes darunter leiden, etwa wenn er sich durch seine Vaterschaft plötzlich immer weniger als er selbst, gar unmännlich fühlt. Das berichten nicht wenige Väter, gerade während der ersten Lebensmonate eines Kindes. Dabei hatte doch alles so gut angefangen vor rund 40 Jahren mit dem neuen Bonding zwischen Vater und Kind.

Für noch mehr Bonding dürfen Väter seit den späten Nullerjahren offiziell zu Hause bleiben nach der Geburt ihrer Kinder, einigermaßen finanziert durch die Einführung des Elterngeldes. Thomas Gesterkamp nennt die Akzeptanz der Elternzeit durch Väter sogar einen »Kulturbruch«, einen Beweis dafür, dass Politik unser Verhalten beeinflussen oder gar steuern kann. Heute gehört es tatsächlich fast schon zur Normalität, dass ein Vater die Partnermonate der Elternzeit nimmt. Dabei wurde das Elterngeld erst 2007 eingeführt.

Wie wollen und sollen Familien leben?

———— Auch wenn gerne so getan wird, als hätte sich das Elternzeit-Modell europaweit längst durchgesetzt und Deutschland wäre quasi das Schlusslicht im Verstehen von moderner Familienpolitik, gibt es immer noch europäische Nachbarländer, in denen Papa gleich nach der Geburt seines Kindes wieder arbeiten gehen muss. So zum Beispiel in der Schweiz, wo Mama ab dem dritten Tag nach der Geburt das Neugeborene alleine betreuen und eine soziale Bindung zu ihm aufbauen soll. Ohne Papa – Schweizer Vätern wurde daran bislang mangelndes Interesse unterstellt.

Das haben sie bislang auch stillschweigend hingenommen und ihre Vaterschafts-Verkleinerung quasi per Gesetz akzeptiert. Dass das Gesetz Überarbeitungsbedarf hat, zeigt sich auch an einer anderen Stelle. Es ist in der Schweiz nämlich auch gesetzlich vorgegeben, dass sich Vater, Mutter und Kind gegenseitigen Beistand schulden. Doch wie soll sich eine Frau ohne beistehende Unterstützung ihres Mannes nach der Geburt regenerieren? Und wie soll ein Vater gegenüber seinem Kind erklären, dass er ab Tag vier nach Geburt kein großes Interesse mehr an ihm hatte? Weil er als Vater zum verzichtbaren Personal gehört? Wohl kaum!

Gerade gibt es in der Schweiz heftige Diskussionen über die Durchsetzung eines zweiwöchigen Vaterschaftsurlaubs und eine dringend notwendige Modernisierung der Familienleitbilder. Letztere ist aktuell auch in Deutschland in den großen Parteien immer wieder ein heißes Thema.

Auf dem »Freiheits-Kongress« der Grünen im Oktober 2014 wurde etwa dieser Widerspruch heftig diskutiert: Frauen werden derzeit dringend als Fachkräfte auf dem heimischen Arbeitsmarkt benötigt. Um sie von ihren Familien loseisen zu können, wird der Ausbau der Kinderbetreuung vorangetrieben. Andererseits werden Männer, die bereit sind, mehr Zeit in ihre Kinder zu investieren, fast schon mit einem Orden behängt. Aus der Leitbildforschung wurde dazu noch auf die großen Unterschiede hingewiesen zwischen dem, wie Familien leben möchten, wie sie tatsächlich leben und dem, wovon sie annehmen, dass die Gesellschaft es von ihrer Lebensweise erwarten würde. Diese Unterschiede betreffen nicht nur Familien als Gruppen, sondern auch ihre einzelnen Mitglieder – also auch Väter.

Die Studie »Familienleitbilder« von 2013, ermittelt für das Bundesinstitut für Bevölkerungsforschung, weist auf solche Widersprüche hin: Drei Viertel der befragten 5.000 Personen zwischen 20 und 39 Jahren finden, dass es für ein Kind nicht gut ist, wenn der Vater die Erziehung allein der Mutter überlässt – es sind sogar etwas mehr Männer dieser Meinung als Frauen.

Väter sind also unverzichtbar, Mama ist nicht genug. Das Engagement bei der Erziehung ist, so die Ergebnisse der Erhebung, weitaus wichtiger als die Rolle des Vaters als Familienernährer. Hört, hört! Doch wird diese Meinung praktisch umgesetzt? Offenbar nur hier und da, aber keineswegs flächendeckend – was sich ändern muss. Leider sind praktisch viele Väter auch heute noch mehr abwesend als anwesend – selbst wenn sie keinesfalls in irgendeiner Form getrennt von ihren Familien leben. Viele sind mittendrin, aber nicht richtig dabei.

Wer fehlt, ist Papa

———— Das Weihnachtsspiel im Kindergarten meines Sohnes. Ein Kind kommt im Eselkostüm, ein anderes als Ochse. Drei Schafe, drei Hirten, drei heilige Könige stehen im Kreis. Maria trägt ein Kopftuch, und das Jesuskind ist eine Puppe. Wer fehlt, ist Josef. »Er ist in diesem Weihnachtsspiel nicht vorgesehen«, erklärt mir eine Erzieherin. Ob er nun der biologische oder der soziale Vater des Christuskindes gewesen sein mag, wenn man ihn einfach herausstreicht aus der Weihnachtsgeschichte, wiederholt man den Fehler, den auch viele Forscher jahrelang begangen haben.

Der US-amerikanische Wissenschaftsjournalist Paul Raeburn beschreibt in seinem Buch *Do Fathers Matter? What Science is Telling Us About the Parent We've Overlooked*, wie Väter von den Wissenschaften jahrzehntelang konsequent übersehen wurden. Über sie wurde immer wieder gesagt, wie irrelevant sie für die Entwicklung ihrer Kinder seien – abgesehen von der Sicherung des Familieneinkommens.

Dieser Fehler wurde seit den Siebzigerjahren allmählich von internationalen Forschungsteams in den unterschiedlichsten Disziplinen, Psychologie, Verhaltensforschung, Soziologie und andere, korrigiert. Sie haben den Vater sozusagen entdeckt. Endlich!

Paul Raeburn stellt zahlreiche Studien vor, darunter eine, in der nachgewiesen wird, dass ein Mann über deutlich mehr Selbstvertrauen verfügt, wenn er sich bereits in der Schwangerschaft auf seine bevorstehende Vaterschaft einlässt – von dieser neuen Stärke kann er natürlich auch außerhalb seines Familienlebens profitieren.

Es gibt Forscher, die davon ausgehen, dass das Größerwerden des menschlichen Gehirns in den letzten zwei Millionen Jahren einer der Gründe dafür ist, dass Väter Beziehungen zu ihren Kindern eingehen konnten und wollten: Soziale Intelligenz braucht Platz.

Ein Anthropologe, der das Verhalten des Aka-Pygmäenvolks in Afrika über lange Zeit beobachtet hat, beschreibt, wie die Aka-Väter ihre Babys und Kleinkinder fast die Hälfte des Tages herumtragen und sogar abends noch mitnehmen, wenn sie auf einen Palmwein um die Hütten ziehen. Der Forscher schloss daraus, dass Väter besonders abends oder auch in der Nacht – überall auf der Welt wachen Kinder nachts auf und brauchen eine tröstende Hand – engagiert sind, also zu einer Zeit, in der die meisten Beobachtungsteams bereits Feierabend gemacht haben.

Von Affen lernen

————— Es fällt mir manchmal schwer, diese zum Teil vom Alltag völlig losgelösten wissenschaftlichen Ergebnisse anzunehmen, bei einigen Zusammenhängen stutze ich auch. Etwa dann, wenn die Verhaltensweise von Titi-Affen-Papas, die ihre neugeborenen Babys 90 Prozent des Tages auf dem Rücken herumtragen und somit weitaus mehr Zeit mit ihnen verbringen als die Titi-Affen-Mamas, als Vorbilder gelten sollen für menschliche Papas. Am Ende aber belegt auch diese Untersuchung die seit rund 40 Jahren gültige Meinung in den Wissenschaften: Der Vater ist weitaus wichtiger als zuvor geglaubt, ja, er ist sogar unverzichtbar.

Mit Papa geht es besser, so können die von Raeburn vorgestellten wissenschaftlichen Ergebnisse zusammengefasst werden. Und obwohl diese Erkenntnis durchaus Schlagzeilencharakter hat, ist sie in vielen Köpfen bis heute nicht angekommen. Ja, es scheint sogar, dass viele die Bedeutung von Vätern noch geringer einschätzen als früher, weil ihre ursprünglichen Aufgaben inzwischen von anderen – Müttern, Fußballtrainern, Nachhilfelehrern beziehungsweise Fernsehen und Internet – übernommen werden.

Heute kann es durchaus vorkommen, dass ein Kind noch während der Ausbildung bereits mehr verdient als sein Vater. Das entwertet das traditionelle Familienernährerbild natürlich immens. Und trotzdem behält dieser Vater den Status des Ernährers, will ihn vielleicht auch gar nicht hergeben. Weil der Status nicht nur mit Zahlen auf Kontoauszügen zu tun hat, sondern mehr mit einem gesellschaftlich anerkannten Wert.

In den seltensten Fällen übernimmt ein Kind noch den Betrieb des Vaters – weil meistens kein Betrieb mehr vorhanden ist, der übergeben werden kann. Und weil die Tochter oder der Sohn häufig auch gar kein Interesse an einer Übernahme haben. Die Gebundenheit der beruflichen Existenz an einen Laden, ein Handwerk, das Weiterführen einer Tradition also, die der Vater geschaffen hat, findet man nur noch selten, obwohl es natürlich immer noch »Ärztefamilien« oder »Juristenfamilien« gibt.

Kinder sind in mancher Hinsicht heute viel selbstständiger als in früheren Generationen. So finden Heranwachsende ab einem bestimmten Alter online so gut wie jede Information und müssen nicht auf einen Erwachsenen warten, um Antworten auf ihre Fragen zu bekommen. Sie brauchen den »allwissenden« Vater dann eigentlich gar nicht mehr. Fragen ihn aber trotzdem Löcher in den Bauch.

Diese Widersprüche haben viel mit unserem kulturellen Gedächtnis zu tun. Jenseits von Wikipedia besteht nach wie vor ein kollektives Bewusstsein dafür, dass Väter einmal die Familienernährer waren. Dass sie die Familie mit Wissen über »die Welt da draußen« versorgt und gleichzeitig auch vor fremden Einflüssen beschützt haben.

Dieses kulturelle Gedächtnis prägt unser Handeln und Empfinden, auch dann, wenn sich die Zeiten längst geändert haben, sowohl in unseren theoretischen Familienleitbildern als auch in der familiären Praxis. Die Loslösung des Alltags von den Werten des kulturellen Gedächtnisses ist ein Prozess, der nicht erst gestern begonnen hat.

Väterentwertung am Fließband

——— Spätestens Mitte des 19. Jahrhunderts war in Deutschland das Industriezeitalter angebrochen. Die Menschen drängten in die Fabriken, wo sie Arbeit und endlich auch herkunftsunabhängig Beschäftigung fanden. Das blieb natürlich nicht folgenlos. Auf den Fließbändern der Massenproduktion entstanden eine neue Sozialordnung und auch ein neues Menschenbild: jemand, der keine lebenslang gültigen Ziele mehr hat, sondern eher kurzfristige, die er auf Zuruf bereitwillig auswechseln konnte.

Diese Beschreibung passt auch heute noch auf die meisten Menschen: Ist der »flexible Mensch«, wie Richard Sennett ihn 1998 beschrieben hat, doch nach wie vor das Kernmerkmal unserer global vernetzten und sich ständig in Bewegung befindenden Gesellschaft. Nach vorne sehen, in die Zukunft, und nicht zurückblicken, gilt als positive Eigenschaft.

Die industrielle Revolution erschien vielen Menschen anfangs als ein Befreiungsschlag, als Chance, den nicht selten miserablen Lebensumständen zu entkommen. Doch der Fortschritt brachte Geschwindigkeit und Veränderung auf Kosten des Bestehenden. Es liegt auf der Hand, dass mit dem Industrialisierungsprozess eine Väterentwertung einherging, die sich zu einer Väterverachtung steigerte: In der vorherigen, bürgerlichen Gesellschaft standen Väter für Tradition, waren über viele Generationen hin die Anführer, die Bestimmer gewesen in der Familie oder im Betrieb. Auf einmal änderte sich das radikal.

Am Fließband waren Väter ebenso einfach nur Arbeiter wie kinderlose, junge Männer oder auch Frauen und Kinder. Es zählte nicht mehr, woher man kam oder zu welcher Familie man gehörte: Die industrielle Gesellschaft hatte kein Interesse an individuellen Personen, ihrer Herkunft, ihren Gefühlen. Würde und Stolz des Einzelnen waren in diesem System nichts mehr wert. Und das galt nicht nur für die Arbeitskräfte in der Fabrik, sondern auch auf den Verwaltungsetagen. Überall wurde einfach nur gearbeitet – und zwar, um Geld zu verdienen.

Das Wegfallen der alten Werte war besonders für die Männer ein schwerer Brocken, denn bis dahin waren ihre Familiengeschichte und ihre Herkunft ja von Bedeutung gewesen. Frauen erfuhren den Rollenwandel weniger radikal, weil sie durch die Kinder, für deren Betreuung und Erziehung sie ja nach wie vor zuständig waren, noch ein gewisses Maß an Traditionsbewusstsein und Emotionalität zugleich fanden – und weil sie es schon kannten, dieses Sich-unterordnen-Müssen.

Die veränderte ökonomische Realität reduzierte Väter auf ihre Eigenschaft als Ernährer. Fortan wurden Papas Qualitäten an seinem beruflichen Erfolg gemessen – also an der Menge Geld, die er verdiente. Alles, was darüber hinausging, sank im Kurs.

Nicht von ungefähr kommt es, dass in dieser Ära auch die Hobbys erfunden wurden: Väter engagierten sich in Kirchengemeinden und gingen in neu gegründete Vereine, um gemeinsam mit anderen, die zu Hause nicht mehr gebraucht wurden, etwas zu unternehmen: singen, kegeln, schießen, saufen.

Robert Habeck weist in seinem 2008 erschienenen Buch *Verwirrte Väter* darauf hin, dass die Abwesenheit des Vaters von der Familie in der damaligen Rechtsprechung quasi zementiert wurde: Nach einer Scheidung erhielt ab Mitte des 19. Jahrhunderts die Mutter das Sorgerecht für Kind oder Kinder, und nicht mehr der Vater.

Eindeutig war die industrielle Revolution also auch eine Kulturrevolution. Als Befreiung der jungen Generation vom alten System der Väterautorität beschreibt dies der Psychologe Alexander Mitscherlich in seinem 1963 veröffentlichten Buch *Auf dem Weg zur vaterlosen Gesellschaft*. Damit bezieht er sich auf eine Theorie von Sigmund Freud aus dem Jahr 1913, in der Vatermord – in übertragenem Sinne – als kultureller Befreiungsschlag zu einer vaterlosen Übergangsperiode in einer Gesellschaft führt.

———— So etwas sei nicht nur in Europa geschehen, schreibt Mitscherlich und bezieht sich dabei auf den britischen Anthropologen Geoffrey Gorer, der in einer umfassenden Studie versuchte, eine Psychoanalyse für das ganze amerikanische Volk zu machen:

»Die Schaffung eines Amerikaners«, sagt Gorer, »verlangte, dass der Vater sowohl als Vorbild wie als Quelle der Autorität verworfen wurde.«

So eine »Entväterlichung« kann also durchaus positive Ergebnisse mit sich bringen, wie Gorers Überlegungen zur Kulturgeschichte der Vereinigten Staaten zeigen, auch deshalb, weil sie eine gesellschaftliche Umorientierung verursacht. Mitscherlich beschreibt sie als Neuordnung:

»Da die verbindliche, anschauliche väterliche Unterweisung im tätigen Leben fehlt, hier also keine verlässliche Tradition mehr besteht, orientieren sich die Altersgenossen aneinander. Die *peer group*, das heißt die Gruppe der Altersgenossen in Schule und Nachbarschaft und im Beruf, wird zur Richtschnur des Verhaltens.«

Diese *peer group* erscheint auch als Gruppe von Menschen, die über eine gleiche Gesinnung verbunden sind. Und damit sind wir bei der Vorhersage, die Sigmund Freud und seine Nachfolger schon früh für die gesellschaftliche Weiterentwicklung in Deutschland inklusive der Männergesellschaften und »vaterlosen Bruderschaften« machten. Die Armee als neues Zuhause, eine Erziehung zu Disziplin, Gehorsam und Gewaltbereitschaft für Männer, die sich vielfältig verbunden fühlten, vom Haarschnitt über die Uniform bis hin zur unbedingten Entschlossenheit, sich in eine neue, bessere Zukunft leiten zu lassen. Hier war man mehr als bereit für einen neuen Übervater: den Führer in Gestalt von Adolf Hitler.

Es ist nicht schwer, sich vorzustellen, in welche Krise Männer in Deutschland stürzten, als die Massenarbeitslosigkeit in der Weimarer Republik einsetzte nach dem verlorenen Ersten Weltkrieg, der nicht nur vielen das Leben, sondern auch die Hoffnung auf eine bessere Zukunft gekostet hatte. Robert Habeck beschreibt diese Zeit:

»Möglicherweise hätte ein anderes Vater-Leitbild, ein weicheres, vielschichtigeres die Identitätskrise der Männer gemildert, aber statt eine solche Liberalisierung als Lösung des Autoritätsproblems zu begreifen, wurde es als zusätzliche Gefahr bekämpft. Die Versuche, durch Arbeitsbeschaffungsprogramme die Rolle des Vaters als Ernährer zu restaurieren, scheiterten an der wirtschaftlichen Depression. So schufen sich die jungen Männer eben selbst ein neues Refugium – in den Freicorps und den Milizen der Kommunisten und Faschisten.«

Habeck sieht somit vieles aus der nationalsozialistischen Ideologie – etwa die Auszeichnung von Müttern, die viele Kinder zur Welt brachten, oder die vermeintliche Abwertung der Industrialisierung für eine heile, ländliche, bäuerliche Welt – quasi als eine »›Rolle rückwärts‹ in die vaterautoritäre Zeit vor der Arbeitsteilung, Entfremdung und Ausdifferenzierung der Familie«.

Willkommen in der vaterlosen Gesellschaft

———— Alexander Mitscherlich betrachtet die Umwälzungen durch das Industriezeitalter, die für die Einzelnen durchaus traumatisch waren, in den frühen 1960ern auch hinsichtlich ihrer Auswirkungen auf die Gesamtgesellschaft: Väter wurden aus ihren Familien gerissen, die mit der Arbeitswelt nicht mehr verbunden waren. Sie konnten ihren Kindern kaum mehr mitteilen, was sie denn so machten, um Geld zu verdienen. Sie gingen als Vorbilder verloren.

Mit der Ordnung der bürgerlichen Familie, in der Väter für die Vermittlung der die Welt bestimmenden Mechanismen Gott, Geld und Gesetz gestanden hatten, verschwanden die Väter schließlich fast vollständig. Sie erschienen nur noch als »Schreckgespenster« in der Welt der Kinder – Schimpfen nach Schichtende oder gleich Popohauen, wegen diverser Vergehen, die Papa von Mama gemeldet wurden.

Der Grund für dieses eigentlich unmenschliche Verhalten liegt nahe: Der fast Verschwundene sollte damit durch die kurze Wiederkehr von traditioneller Autorität wenigstens punktuell sichtbar gemacht werden. Das schmeckte natürlich den wenigsten unter denen, die die Schreckgespenster fürchteten und das auch sollten: Die Kinder versuchten, die abwesenden Väter noch abwesender zu machen, konnten nichts mit ihnen anfangen und schlossen sie aus ihrem Denken und Fühlen aus. Somit entstand hinsichtlich der Rolle und auch der Bedeutung des Vaters in der Familie eine Lücke.

Der berühmte *Brief an den Vater*, 1919 von Franz Kafka verfasst, dient als literarisches Zeugnis dieser Zeit. Der Schriftsteller litt zeitlebens unter dem schwierigen Verhältnis zu seinem Vater, den er als sehr dominant empfand, was er in der Korrespondenz mit seiner Schwester und seinem Bekanntenkreis auch immer wieder thematisierte. Seinen Brief an seinen Vater, der die traumatischen Erfahrungen detailliert auflistet, hat er nie abgeschickt, auch wenn es ursprünglich wohl sein Plan gewesen war. Kafka verfasste das rund 100-seitige Dokument, nachdem dieser die Heiratspläne seines Sohns kritisiert hatte, verzichtete aber darauf, ihn abzusenden. Wohl auch aus Furcht, die nachweislich eine übergroße Säule in der Beziehung zum Vater war:

»Schrecklich war mir zum Beispiel dieses: ›ich zerreiße Dich wie einen Fisch‹, trotzdem ich ja wußte, daß dem nichts Schlimmeres nachfolgte (als kleines Kind wußte ich das allerdings nicht) aber es entsprach fast meinen Vorstellungen von Deiner Macht, daß Du auch da imstande gewesen wärest. Schrecklich war es auch, wenn Du schreiend um den Tisch herumliefst, um einen zu fassen, offenbar gar nicht fassen wolltest, aber doch so tatest und die Mutter einen schließlich scheinbar rettete. Wieder hatte man einmal, so schien es dem Kind, das Leben durch Deine Gnade behalten und trug es als Dein unverdientes Geschenk weiter.«

Kafka hat seine Existenz als das gnädige Geschenk seines Vaters empfunden, eine Gabe, die ihm eigentlich nicht zustand, weil er den väterlichen Vorstellungen eines guten Sohnes – kraftvoll, männlich, hart – nicht entsprechen konnte. Unter diesen Voraussetzungen kann wohl nirgends auf der Welt eine Glück spendende Vater-Kind-Beziehung gelebt werden, so auch hier, was belegt wird durch die Biografie von Franz Kafka. Neben dem Aussprechen seines eigenen Unglücks wollte der Schriftsteller mit dem Brief auch die Autorität der ganzen Generation seines Vaters anfechten. Er hat das Private politisch gemacht – und wollte das eigentlich nicht. Der *Brief an den Vater* wurde gegen Kafkas ausdrücklichen Willen, alles Ungedruckte nach seinem Tod zu verbrennen, postum veröffentlicht.

Dass Kinder, besonders Söhne, hart und nicht weibisch-weiblich sein sollten, scheint ein großer Wunsch der damaligen Väter gewesen zu sein. In der Erzählung *Kleine Verhältnisse* aus dem Jahr 1931 zeichnet auch der von Kafka geschätzte Schriftsteller Franz Werfel diesen Anspruch nach. Er beschreibt den elfjährigen Hugo, einen kränklichen Jungen, der sich bei seinen Eltern für seine zarte, hübsche Hauslehrerin einsetzt. Was denen nicht gefällt:

»Gemaßregelt stand Hugo da, sehr klein in dem hohen Raum. Papa hielt in seinem Gang inne und streckte mit einer großen Bewegung den Arm aus, als weise er auf ein unsichtbares Porträt hin: ›Dein Großvater, mein Vater, das war ein gewaltiger Mann. Er hat unser Haus gegründet, er hat alles geschaffen. Und wodurch, glaubst du, ist er so groß geworden? Durch Kraft, mein Lieber, durch zielbewusste Härte, durch rücksichtslose Energie.‹«

Der Großvater habe »nicht lang gefackelt«, heißt es, und Ohrfeigen an seine Söhne verteilt, wenn die ihren Aufgaben nicht gewachsen waren.

Franz Werfel spielt bewusst mit den alten autoritären Werten, Körperkraft, Entschlossenheit und der Bereitschaft, anderen Schmerz zuzufügen, wenn es denn sein muss. All das war in den Dreißigerjahren im kulturellen Gedächtnis zwar noch unter dem Stichwort »Vater« vorhanden. Da im Ersten Weltkrieg aber viele Väter gefallen waren, wandelten sich diese Werte vielerorts zu einer Verklärung im Sinne eines »Früher war es besser, da gab es noch Zucht und Ordnung«. Denn da gab es noch »richtige« Väter.

Eine starke Hand halt

————— Offensichtlich ist dieses Vaterbild an ein Männerbild gekoppelt, das heute in Deutschland kaum mehr gültig ist. Auch wenn Körperkraft, jetzt vielleicht eher Fitness, und Entschlossenheit beziehungsweise aktuell Durchsetzungskraft, durchaus als positive Eigenschaften eines Mannes gelten, ist ein Vater, der seine Kinder ohrfeigt, nicht mehr angesehen im Hier und Jetzt.

Mit Sicherheit hat aber auch die nationalsozialistische Ideologie Spuren hinterlassen: Vaterschaft und die Gründung einer Familie waren schließlich grundlegende Ideale in der NS-Zeit. Dabei wurde besonders die biologische Abstammung herausgestellt – wichtiger als ein gutes Verhältnis zwischen Papa und Kind war die ideologische Grundhaltung innerhalb der Familie bzw. der nationalsozialistischen Überfamilie. Demnach sollte engagierte Vaterschaft am Ende nur darauf abzielen, die »arische Rasse« nach den Vorgaben des Führers zu mehren und eine Gemeinschaft von Gleichgesinnten für das ersehnte Tausendjährige Reich zu schaffen.

Der Wandel des Vaterbildes war also in der ersten Hälfte des 20. Jahrhunderts schon in vollem Gange, es brodelte an vielen Stellen. Dass im Ersten und Zweiten Weltkrieg viele Väter gefallen waren, befeuerte diesen Wandel noch.

In diesem Zusammenhang steht auch ein Text der 1933 geborenen Autorin Irene Böhme, das *Lob der Vaterlosigkeit*, in dem sie schreibt: »Seit 1914 gehören vaterlose Generationen zum Alltag.« Die, die den Ersten Weltkrieg noch überstanden hatten, verschwanden dann im Zweiten Weltkrieg. Schon in den Kriegsjahren war klar, dass sich der Kampfeinsatz einer ganzen Vätergeneration auf ihre Kinder auswirken würde, auswirken musste. Die, die heimkehrten aus dem Krieg, waren versehrt und konnten nicht anders, als sich plötzlich völlig auf ihre Frauen zu stützen. Was vielen schwerfiel. Und so richtig willkommen waren die zurückkommenden Väter auch nicht, wenigstens nicht überall.

»Mein Vater blieb in Lettland verschollen. Die starke Hand, die mich ins Leben geleitet, sie fehlte mir nicht«, schreibt die Autorin und teilt die Heimkehrer in zwei Varianten ein: Der eine liegt immer nur auf dem Sofa und mischt sich nicht aktiv ins Familiengeschehen ein. Der andere ordnet an, dass jetzt neue Saiten aufgezogen werden, dass die Kinder eine starke Hand brauchen. Ärger gibt es in beiden Fällen zwischen Vater und Mutter. Die Kinder stehen hilflos daneben.

»Wen wundert es, dass wir Halbwüchsigen auf den Steinstufen vor den Häusern überhaupt nicht unglücklich sind, wenn kein Heimkehrer an unsere Tür klopft«, schreibt Irene Böhme über den Geschlechterkampf aus Kinderperspektive.

Die Einführung des spießigen Fünfzigerjahre-Idylls ist auch als Hauruck-Restaurierung der alten Ordnung mit einem übermächtigen Vater zu verstehen: Papa ist jetzt endlich wieder da und sagt, was zu tun ist: Schluss mit der Weiberwirtschaft! Was auch an den Restaurierern nicht spurlos vorbeiging: Die Wiederherstellung der alten Ordnung gelang nur scheinbar und wurde von den Frauen nicht widerstandslos hingenommen. Denn obwohl die damalige Generation bedingungslosen Gehorsam zu den erlernten Tugenden zählte, war das alte Familiengefüge endgültig ins Wanken geraten.

Jenseits der Mauer

———— Nach Ende des Zweiten Weltkriegs bestanden in BRD und DDR parallel zwei sehr verschiedene Rechts- und Sozialsysteme. Entsprechend unterschiedlich prägten sie die Deutschen in Ost und West. So war Vereinbarkeit von Beruf und Familie in der DDR keineswegs ein Frauenthema: Frauen waren ebenso wie Männer erwerbstätig, und zwar in Vollzeit. Was mehr mit dem Bedarf an Arbeitskräften zu tun hatte als mit einem Staat, der Geschlechtergerechtigkeit vorantreiben wollte.

Schon viel früher und flächendeckender gab es in der DDR ein umfassendes Angebot an Kinderbetreuungsmöglichkeiten. Frauen erhielten die Pille umsonst, Scheidungen verliefen unbürokratisch und ohne Trennungsjahr, Ferienlager wurden für Kinder oder die ganze Familie kostengünstig angeboten. Es gibt heute immer noch Männer und Frauen, die wegen all dieser Dinge ihrer DDR-»Idylle« nachtrauern, einer heilen Welt im Osten, in der dem Einzelnen etwas für Westdeutsche schwer Nachvollziehbares geschenkt wurde: persönliche Freiheit.

Dass aber die Aufteilung von Haushaltstätigkeiten meistens zu Lasten der Frauen erfolgte, dass es Freistellungsmöglichkeiten von der Erwerbstätigkeit über längere Zeiträume nach der Geburt eines Kindes für Frauen, aber nicht wirklich für Männer gab, all das wird dabei ebenso ausgeblendet wie die Tatsache, dass diese erlebte Freiheit ja nur eine scheinbare war. Denn neben den zweifellos guten und visionären Angeboten vonseiten des Staates überwachte genau dieser Staat das Tun seiner Bürgerinnen und Bürger minutiös. Und beschränkte dadurch die persönliche Freiheit des Einzelnen immens.

Sehr eindringlich ist das Porträt, das der 1960 in Magdeburg geborene Ronald M. Schernikau in dem Buch *Irene Binz. Befragung* von seiner Mutter zeichnet. Es ist eine ost-westdeutsche Geschichte, aber auch eine Mutter-Sohn-Geschichte, in der der Vater selbstverschuldet eine ganz schön schlechte Figur macht.

Schernikaus Mutter flieht mit ihrem sechsjährigen Sohn nach Westdeutschland zu seinem Vater, der dort kurz nach der Geburt des gemeinsamen Kindes ein neues Zuhause gefunden hat. Der Vater hat die Ankunft der beiden zwar erwünscht, wie er in seinen vielen Briefen betont. In Wahrheit kann er aber nicht viel mit ihnen anfangen.

»Ich habe in Thomas K. niemals nur den Erzeuger sehen können – den Ausdruck hab ich dann bei der Unterhaltsklage das erstemal gehört – ich hab immer noch gedacht: der ist dir ein Vater. Und das ist überhaupt nicht wahr gewesen.«

Der, der mehr als ein Erzeuger sein soll, hat inzwischen zwei weitere Kinder mit einer westdeutschen Frau und bekennt sich so gut wie gar nicht zu seiner ostdeutschen Familie.

Mutter und Sohn ziehen nach einiger Zeit und vielen Enttäuschungen und Demütigungen in eine niedersächsische Kleinstadt, wo die Mutter eine Stelle als Unterrichtsschwester antritt. Und dort ein neues Leben mit ihrem Kind beginnt. Ohne den Vater – der am Ende halt doch bloß der Erzeuger war und das aus eigenem Antrieb auch nicht geändert hat.

Die Mutter hat ihren Sohn überlebt, der an HIV starb. Im Anhang des Buches gibt es zusätzlich zu ihrem Porträt ein Interview mit ihr. Darin antwortet sie auf einige Fragen, die die Zeit nach dem Tod ihres Sohns betreffen, darunter auch auf die, wie Ronald M. Schernikaus leiblicher Vater darauf reagiert hat:

»Nach Ronalds Tod hat mir sein Vater geschrieben: ›Ich leide sicher nicht so wie du, aber ich kann dich gut verstehen.‹ Das hat mir sehr gut getan.«

Auf, auf und davon

———— Auch der Schriftsteller Uwe Kolbe, 1957 in Ostberlin geboren, schreibt in seinem Debütroman *Die Lüge* über eine ostdeutsche Vater-Sohn-Beziehung. »Eine erfundene Erinnerung oder eine erinnerte Erfindung. Eben ein Roman«, so Kolbe. Er verarbeitet hier eine autobiografische Erfahrung, die er schon mehrfach öffentlich gemacht hat: Er wurde als junger Dichter von seinem Vater, einem Stasi-Offizier, bespitzelt. Kein Einzelfall.

Es gibt zahlreiche Geschichten über die lauschenden Ohren der Staatssicherheit innerhalb einer Familie. Wenn sie so autobiografisch sind wie hier, schmerzen sie besonders. Kolbe verfasst für seinen Roman *Die Lüge* diese Danksagung: »Der Autor dankt der Person, die die Fertigstellung dieses Buches erzwungen hat, weil sie anderes von ihm erwartet.«

Der Vater glänzt in Kolbes Geschichte mit Abwesenheit und Sexappeal zugleich: Er verlässt nicht nur eine Familie, sondern mehrere, lässt nicht nur ein Kind hinter sich, sondern mehrere. Dennoch gibt es eine Verbindung zwischen ihm und seinem erstgeborenen Sohn, dem zweiten Hauptprotagonisten des Buches. Die natürlich auf eine Katastrophe zuläuft.

Kolbe inszeniert keinen Streit, keinen Vatermord, sondern etwas Leiseres, Gemeineres: Vater und Sohn verschmelzen am Ende quasi miteinander. Sie teilen sich eine Frau und sogar auch ihre Schwangerschaft, »und weil wir es nicht sagen konnten, ob von ihm oder von mir, erkannte ich den Sohn lieber gleich als meinen an«, sagt der Sohn, der nun auch zum Vater wird.

Es liegt mir fern, mit Uwe Kolbes und Ronald M. Schernikaus Büchern den Eindruck zu generieren, DDR-Väter seien alle verantwortungslos gewesen und hätten ihre Familien leichtfertig im Stich gelassen. Geschichten wie diese gibt es natürlich in derselben Ära auch in Westdeutschland: Väter, die ihre Kinder verleugnen, keinen Unterhalt zahlen wollen oder eine emotionale Beziehung kategorisch ablehnen. Die immense Kälte und gelebte Verantwortungslosigkeit dieser Männer ist wohl zum Teil auch der Zeit geschuldet, in der sie geschehen ist.

Mit Sicherheit aber haben die Kinder »hüben« wie »drüben« unter der Abwesenheit ihrer Väter gelitten, ob die nun durch lange Arbeitszeiten bedingt war oder durch die sehr machbare Möglichkeit, für ein neues Glück das alte zurückzulassen.

Väter waren auch in meiner westdeutschen Kindheit und Jugend mehr in der Arbeitswelt zu Hause als in der Familienwelt – dort hatten sie auch, wenigstens unter der Woche, keinen richtigen Platz. Was ein Problem wurde: Ich erinnere mich sehr deutlich an die frühen Neunzigerjahre, als mein Vater und einige Männer aus seinem Bekanntenkreis im Rahmen der heute nicht mehr gültigen »58er-Regelung« in den vorzeitigen Ruhestand geschickt wurde.

Pappa ante portas

——————— Hinterngrund dieser Idee war die Hoffnung, Firmen durch Entlassungen schlanker zu machen. Angestellte konnten – oder sollten eher – bereits mit 58 Jahren ihre Arbeitgeber verlassen, zwei Jahre Arbeitslosenunterstützung erhalten und dann mit 60 Jahren in die Rente eintreten. Es wurde beteuert, dass das auch im Sinne der Angestellten sei, die somit keine unzumutbaren Beschäftigungen annehmen müssten, was für ältere Arbeitslose ja bis heute ein großes Problem ist.

Natürlich kostete ein Angestellter, der bis zum offiziellen Renteneintrittsalter, damals das 63. Lebensjahr, arbeiten wollte, ein Unternehmen mehr als diese zweijährige Abfindung. Die bei vielen übrigens magerer ausfiel als gedacht, wie ich aus Erzählungen meines Vaters weiß. Natürlich beteuerten die Unternehmen scheinheilig, die im Zuge dieser Maßnahmen frei gewordenen Stellen wieder zu besetzen. Eines Tages, bestimmt.

Ältere – und das waren in der Regel Männer – sollten aber erst mal Platz machen. Mein Vater war einer von ihnen, der aufgrund seiner 58 Lebensjahre »nicht mehr gebraucht« wurde von einem Arbeitgeber, dem er sein gesamtes Erwerbsleben hindurch Loyalität gezeigt hatte. Er hat mir diese Zeit, die für ihn traumatisch war, einmal so beschrieben, als wäre ihm »der Boden unter den Füßen weggezogen worden«.

Irritiert war auch ich: Plötzlich war mein Vater den ganzen Tag zu Hause, ging zum Einkaufen – oder bemerkte, dass ich eine Schulstunde sausen ließ.

»Entschuldige, das ist mein erster Ruhestand. Ich übe noch.« So lustig der Loriot-Film *Pappa ante portas* von

1991, aus dem dieser Satz stammt, an vielen Stellen ist, so bitter ist er zugleich, beschreibt er doch genau diese Zeit und die schwierigen Situationen, in denen Papa sich plötzlich wiederfindet, wenn er im Berufsleben nicht mehr gebraucht wird. Natürlich kollidierte diese von der damaligen Bundesregierung unterstützte Regelung auch mit der historischen Basis des Vaterbildes, dem Status des mächtigen und allwissenden Ernährers. Auch wenn dieser durch die Nachkriegsgenerationen längst mehr als infrage gestellt worden war, stellte er dennoch vor rund 25 Jahren für viele noch eine gültige Lebensgrundlage dar.

Heute wollen Väter nicht mehr nur im Büro zu Hause sein, sondern möchten auch ihren Platz in der Familie. Das bestätigt der Tübinger Familienberater Reinhard Winter:

»Heute kehren Väter mit ihrem Wollen zurück in die Familie. Das, was vorher noch ein Auftrag etwa von der Frauenbewegung war, ist heute ein Wunsch der Väter. Der sich auch niederschlägt, zum Beispiel in der Akzeptanz der Elternzeit. In der Generation davor war der Vater da, wenn er weg war, also wenn er als Ernährer und Versorger funktioniert hat. Dieser Funktionswandel hat gerade stattgefunden.«

Väter wollen in die Familien. Und dieses Wollen setzen sie in die Tat um, hier zögerlich, dort etwas engagierter.

Tatsächlich wurde in der Vergangenheit Platz geschaffen für eine neue Bedeutung von Vaterschaft. Endlich können Väter die Lücke hinsichtlich ihres Anteils am Kindeswohl auffüllen – nach und nach, mit vielen engagierten Ideen. Wie wäre das: Ein Papa geht in Elternzeit, als Erster in seinem Betrieb, und entgegen dem Wunsch seines Vorgesetzten. Der nächste tauscht die Gehaltserhöhung ein in einen freien Nachmittag unter der Woche, um einen Vater-

Kind-Schwimmkurs zu besuchen. Der Vorstandsvorsitzende eines DAX-gelisteten Konzerns geht in Teilzeit, um mehr Zeit für die Familie zu haben. Und das wird nicht mit medialer Häme beantwortet, es wird einfach nur zur Kenntnis genommen von der Öffentlichkeit. Ich stelle mir einen Bundeskanzler vor, der tatsächlich als Vater zum Vorbild wird – und dabei eine ganz andere Figur macht als Helmut Kohl –, weil er es als etwas Selbstverständliches erachtet, dass Menschen Kinder haben und mit ihnen Zeit verbringen möchten.

Papa soll in der Familie ebenso zu Wort kommen wie Mama, und zwar als Papa, nicht als schlechte Mama-Kopie. Schluss mit der Mutter-Werdung des Vaters – es lebe die Vater-Werdung des Vaters!

Die Bedeutung des Vaters bei der Entwicklung seines Kindes

———— Wer ist das da neben Mama?

Ach das, das ist bloß der Papa.

Hand aufs Herz: In fast allen von uns steckt der Reflex, bei einem quengeligen Kind zur Mutter zu schauen, die das Kind wohl zu spät ins Bett bringt, zu nachgiebig ist oder doch zu viel schimpft. Läuft einem Kind die Nase, fragen wir, ob die Mama ihm denn kein Taschentuch eingesteckt habe. Und malt ein Kind ein besonders schönes Bild, kommt nicht selten der Satz: »Das wird die Mama aber freuen!«

Und den Papa?

Bestätigt durch die lang gültige Lehrmeinung in Psychologie und Soziologie, dass einzig die Mutter eine tragende Rolle für die kindliche Entwicklung spielt, wurde der Vater lange Zeit schlicht und einfach übersehen. Er wirkt wie eine Art Add-on, das dem Team Mama-Kind nicht schadet, aber auch nicht unbedingt gebraucht wird. Lediglich bei der Sache mit dem Ödipus, also dem Kampf des Sohnes mit dem Vater um die Mutter, erscheint Papa wieder auf der Bildfläche. Der Ödipus erscheint uns heute aber fast schon wie ein Schnödipus, ist sein Vater im Geiste – schon wieder Sigmund Freud! – doch schon lange tot und zählt auch nicht zu den modernen oder gar besonders geschlechtergerechten Meinungsmachern der Psychologie.

Wieder stelle ich die Frage: Ist Mama also genug? Ein klares Nein aus der Psychologie und Soziologie, denn auch hier wurde die lang gültige Lehrmeinung bereits vor rund 40 Jahren widerlegt: Der Vater ist – neben der Mutter – durchaus wichtig für die Entwicklung seines Kindes. Und das schon vor Erreichen des dritten Lebensjahres! Zu diesem Schluss kamen unterschiedliche Psychologinnen und Psychologen seit den frühen 1970er-Jahren.

Dass der Vater sogar dringend gebraucht wird in der kindlichen Entwicklung, liegt daran, dass er eben nicht so ist wie die Mutter, weder als schlechte Kopie noch sonst wie – er ist unique. Eben Vater. Das stellt auch Paul Raeburn in seinem Buch *Do Fathers Matter?* heraus.

Der US-amerikanische Wissenschaftsjournalist führt unter anderem die Forschungsergebnisse eines Psychologen an, der nicht glauben wollte, dass Kinder nur zu ihren Müttern eine besondere Bindung haben. In einem Experiment beobachtete er Kinder im Umgang mit einer fremden Person in Anwesenheit ihrer Mütter beziehungweise ihrer Väter. Die Vorlieben der Kinder für ein Elternteil in diesem *strange situation experiment* waren relativ ausgewogen: Ungefähr die Hälfte der Kinder wollte zu Mutter oder Vater, ein Viertel wollte nur zum Vater und der Rest zeigte keine Vorlieben für ein Elternteil. Das Erstaunliche war aber, wie der Psychologe hinterher herausfand, dass die meisten der an diesem Experiment beteiligten Kinder zuvor kaum Zeit mit ihren Vätern verbracht hatten: Nicht mal die Hälfte der Väter hatte etwa schon einmal eine Windel gewechselt. Und trotzdem wurden sie in der durch den Forscher erzeugten Stress-Situation als Bezugspersonen anerkannt.

Ein anderer Psychologe, über dessen Arbeit Raeburn in seinem Buch schreibt, untersuchte die Art und Weise, in der Väter und Mütter ihre Kinder hochnehmen und auf dem Arm halten, etwa um zu trösten. Dabei stellte er fest, dass Mütter ihre Kinder hochnehmen und länger auf dem Arm halten als Väter, die ihre Kinder nach dem Hochnehmen schneller mit einem Spiel ablenken wollen, um sie damit zu trösten. Gerade die Tatsache, dass ein Vater anders mit seinem Kind umgeht, es anders tröstet und anders mit ihm spielt als die Mutter, ist ausschlaggebend für die kindliche Entwicklung.

Besonders das wilde Herumtoben, bei dem Väter Kinder sowohl emotional als auch geistig regelrecht destabilisieren – im Guten natürlich –, mögen Kinder, und sie brauchen es auch, so die Ergebnisse dieser Untersuchung, um zu lernen, mit Unerwartetem umzugehen. Braucht es Papa zum Kindeswohl? Selbstverständlich!

Wir sind ein Dreieck

———— Papa wird aber für weitaus mehr gebraucht als nur als Partner in wilden Tobespielen – das bestätigt auch die heute gültige Lehrmeinung in der Entwicklungsforschung. Ein Kind benötigt eine richtige Beziehung zu seinen beiden Eltern. Diese gleicht einem Dreieck, in dessen Ecken das Kind, Mama und Papa sitzen. In der Psychologie wird von »Triangulierung« gesprochen, dem Hinzutreten einer dritten Person zu einer Zweierbeziehung. In der Familientherapie nennt man dieses Beziehungssystem zwischen drei Personen eine »Triade«.

Zum ersten Mal wird dieses Dreieck, bestehend aus Vater, Mutter, Kind, etwa zwischen dem ersten und dem dritten Lebensjahr wichtig. Das Kind löst sich langsam von der Mutter, gerät dadurch aber – wie es häufig bei Loslösungsprozessen ist – in eine Krise. Es braucht eine dritte Person, bei der es zusätzlichen Halt findet. Das ist günstigstenfalls der Papa. Er ermuntert das Kind, etwas Neues zu entdecken, zusätzlich zur vertrauten Mama-Welt, und hilft ihm, selbstsicher zu werden, bereit zu sein, die Umgebung zu erforschen.

Es gibt noch zwei weitere von der Entwicklungspsychologie herausgestellte Zeiträume, in denen dieses Familiendreieck, durch das Papa, Mama, Kind verbunden sind, besonders wichtig ist. Jetzt kommt er doch noch, der Ödipus: In der sogenannten ersten ödipalen Phase zwischen dem vierten und sechsten Lebensjahr beginnt das Kind damit, die Welt so richtig aktiv zu erforschen.

Es geht hier aber nicht nur um die Ausbildung von sexuellen Wünschen eines Kleinkinds und das damit verknüpfte Inzesttabu, sondern vielmehr um die ersten eigenständigen Schritte in die Welt da draußen. Bietet die Mutter dabei den nötigen Rückhalt zum Alten, Vertrauten, ist der Vater oft eine Art Brücke ins Neuland. In dieser Phase geht es viel um die Identifikation des Kindes mit dem Vater – und das probieren sowohl Söhne als auch Töchter gerne aus. Dass die Identifikation Grenzen hat, weil ein Kindergartenknirps eben noch nicht mit einem erwachsenen Mann mithalten kann, mag das Kind ganz schön traurig machen.

———— Auf *The Johnny Cash Children's Album* gibt es ein Duett von Johnny Cash und seiner Frau June Carter Cash über ihren gemeinsamen Sohn John, der diese Identifikationsversuche auf sehr liebevolle Art beschreibt: »I got a boy and his name is John – Ich habe einen Sohn und sein Name ist John.« Es ist ein Kinderlied mit einfachen Sätzen, die von dem kleinen John und seinen Freunden und Lieblingshunden erzählen. Im Kehrreim heißt es, dass John immer dorthin geht, wohin sein Vater geht, und das lernt, was sein Vater weiß.

Ungefähr in der Mitte des Liedes mischt sich dann die Stimme von June Carter Cash in den Gesang ihres Mannes ein und singt, der kleine John geht auch dorthin, wohin seine Mama geht, und lernt auch das, was sie weiß. Mit dem gemeinsamen Singen dieser Zeilen endet dann das Lied.

Für mich wird das Dreieck, bestehend aus Vater, Mutter, Kind, in diesem Lied stimmig erklärt. Entwicklungspsychologie goes country! Dass der US-amerikanische Musiker Johnny Cash für seine Töchter aus erster Ehe ein fast ausschließlich abwesender Vater war, ist hinlänglich bekannt. Für ihn war die Geburt von John, dem einzigen Sohn aus seiner zweiten Ehe mit June Carter Cash, eine neue, ja, die letzte Möglichkeit, Vaterschaft anzunehmen und Zeit mit seinem Kind zu verbringen.

Dieses »die späte Chance ergreifen« kommt nicht selten vor. Oft liegt es daran, dass ein Mann nicht nur über mehr Lebensjahre, sondern auch über mehr Lebenserfahrung verfügt. Dass ihm klar geworden ist, dass er am Ende seines Lebens – das ja somit auch näher gerückt ist – bestimmt nicht deswegen mit sich hadern wird, weil er zu wenig Zeit im Büro verbracht hat. Sondern eher deswegen, weil er zu wenig Zeit in sein Kind, seine Kinder investiert hat. Und gerade in dieser Phase zwischen Laufenlernen und In-die-Schule-kommen, profitieren Kinder sehr von einem engagierten Vater.

Der Kinder- und Familientherapeut Wolfgang Bergmann schreibt in seinem Buch *Kleine Jungs – große Not. Wie wir ihnen Halt geben* über die kindliche Entwicklung von Jungen. Er geht darin auch auf das Leben von »schwierigen kleinen Jungen« ein, die zwei, drei Jahre alt sind und auf kindliche Weise mit sich selbst nicht zurechtkommen, weil sie sich »nicht vollständig zu lieben gelernt« haben. Meistens wenden sich diese Jungen dann hilfesuchend an ihre Väter – und werden im schlimmsten Fall nicht erhört.

Für mein Empfinden weist Bergmann ein bisschen zu stark auf die überdominanten Mütter von Söhnen hin, die Väter nicht machen lassen oder gar aus der Familie herausdrängen. Doch auch er bestätigt, dass überdurchschnittlich oft in den ersten drei Lebensjahren dieser Sorgenkinder die Väter aus der Familie verschwunden sind, aus den unterschiedlichsten Gründen. Was die Tragödie, die ein eh schon verletztes Kind durchlebt, zur Katastrophe werden lässt: Aus einem »schwierigen kleinen Jungen« kann ein »verhaltensgestörtes Kind« werden.

In Papas Schuhe steigen

———— In der Pubertät schließlich wird der Vater noch einmal dringend gebraucht. Wir kennen das alle, diese grundlegende Veränderung, die über Jahre hinweg im

Gange ist, körperlich, hormonell, seelisch und sozial. Dabei braucht ein Kind auch besondere Unterstützung vom Vater. Der steht, trotz der gesellschaftlichen Veränderungen in den letzten Jahrzehnten, häufig immer noch mehr für die Welt außerhalb der Familie als die Mutter, schafft also wieder eine Brücke.

Entwicklungspsychologisch wird davon ausgegangen, dass eine Tochter die Möglichkeit der Identifikation mit dem Vater benötigt, um ein weibliches Selbstbild und ein positives Männerbild aufzubauen. Ein Sohn erlangt eine eigene männliche Identität, indem er probeweise in die Haut des Vaters schlüpft. Es verwundert nicht, dass in dieser Zeit die Weichen für das stabile Selbstgefühl eines Kindes gestellt werden.

Natürlich gibt es keinen idealtypischen Vater, der in allen wichtigen Entwicklungsphasen im Leben seines Kindes lehrbuchgetreu die angemessene Unterstützung bietet. Es gibt ja auch keine idealtypische Mutter – auch wenn uns das gerne und immer wieder medial vorgespielt wird. Und um einem Missverständnis vorzubeugen: Ein Vater, der meint, es würde auf ihn nur in diesen drei Phasen im Leben seines Kindes ankommen, irrt. Der Jungen- und Männerberater Reinhard Winter warnt sogar davor:

»Es ist wichtig, dass es von Anfang an eine Beziehung zwischen Vater und Kind gibt. Weil es gerade in den kritischen Phasen wie etwa bei der Ablösung des Jungen von der Mutter, wenn der Vater Konkurrent ist, wichtig ist, dass der Junge sich sicher sein kann: ›Mein Vater liebt mich.‹ Das erfährt er eben durch die Beziehung vorher. Diese Sicherheit ermöglicht es dem Kind erst, mit dem Vater richtig zu streiten. Deshalb braucht es eine ganze Beziehungsgeschichte, um eben diese Schlüsselszenen durchzustehen.«

Es gibt nicht wenige Mütter, denen die Änderung der Zweierbeziehung von Mutter und Kind in eine Dreierbeziehung von Mutter, Kind und Vater schwerfällt. Das kann unterschiedliche Ursachen haben, etwa die Prägung durch die Herkunftsfamilie. Aber auch die Tatsache, dass viele Frauen sich nach einer Geburt nur noch über ihre Mutterschaft als Frau verstehen – bestätigt von anderen. Dieses vermeintlich traditionelle Verständnis von Weiblichkeit steht allen Beteiligten im Weg: Die Entwicklung des Kindes wird irritiert, die Frau reduziert sich selbst auf ihre Gebärfähigkeit und der Mann hat Schwierigkeiten, eine Beziehung zu seinem Kind aufzubauen.

Hier ist die Theorie wieder einmal klarer als die Realität: Ich kenne das auch aus meinem eigenen Familienleben, dass ich ab und zu dazu neige, eine Blockade zu errichten. Ein »Ich kann das besser, lass mich lieber« poltere in Situationen, in denen mit Sicherheit auch mein Mann gut ist mit den Kindern. Bestimmt geht es anderen Frauen ebenso – und ich glaube, wir Frauen sollten ein Bewusstsein dafür entwickeln, dass dieses mütterliche Türsteherinnengehabe viele Chancen und Möglichkeiten verbaut.

Daneben machen aber auch viele Väter einen gewichtigen Fehler, sagt Reinhard Winter: Sie lassen sich nicht auf die Beziehung zu ihrem Kind ein, sondern warten ab. Bis das Kind laufen kann. Ach nein, bis es Fahrrad fahren kann. Ach nein, bis es auch die Abseits-Regeln auf dem Fußballplatz verstanden hat. Und dann ist das Kind plötzlich in der Pubertät und interessiert sich nicht mehr für den Bauchladen voller Angebote seines Vaters. Den die verpassten früheren Chancen ganz schön beschäftigen können.

Das passiert leider ziemlich häufig und überall. Auf einem Flug von Berlin nach München sitzen ein Mann und seine Tochter im Teenageralter neben mir. Die Tochter hat im Duty-free-Shop viel eingekauft, wie ich an einer Tüte erkenne, die zwischen ihren Füßen steht. Sie sieht aus dem Fenster und ignoriert alle Gesprächsversuche ihres Vaters. So lange, bis er die Zollfrei-Angebote der Fluglinie mit ihr durchsehen möchte. Dem Mann ist bewusst, dass ich das alles mitkriege. Als seine Tochter die Toilette aufsucht, sagt er entschuldigend zu mir: »Wir haben uns fast ein Jahr quasi nicht gesehen. Ich habe es einfach nicht geschafft. Und jetzt ist sie sauer auf mich. Ich hoffe, dass sie nach diesem Shopping-Wochenende in Berlin versöhnt ist.«

Kommt er noch?

——— Was passiert, wenn ein Vater nicht nur die drei erwähnten Phasen verpasst, sondern auch sonst nicht vorhanden ist im Leben seines Kindes? Es gibt Väter, die ihre Kinder verlassen, die im Gefängnis sitzen, plötzlich verschwinden oder sterben. In jedem Fall wird sich dieses Vater-Fehlen auf das Leben des Kindes auswirken. Es braucht die Möglichkeit, den abwesenden Vater zu vermissen, um ihn zu trauern. Und es braucht eine Erklärung für seine Abwesenheit. Das klingt so selbstverständlich, ist es aber nicht. Hier möchte ich auf die Forschung von Horst Petri eingehen.

Der 1936 geborene Professor für Psychotherapie arbeitete bis zu seiner Emeritierung über die Beziehung zwischen Kindern und dem »übersehenen Elternteil«. Mit einem Vortrag zum Thema »Der abwesende Vater« beauftragt, fand er Mitte der Neunzigerjahre dazu einerseits ziemlich wenig in der Fachliteratur. Andererseits bemerkte er, dass der fehlende Vater nicht nur bei seinen Patienten, sondern auch bei ihm selbst ein großes Thema ist. Petris Vater war während des Zweiten Weltkriegs mehrmals über längere Zeiträume nicht bei seiner Familie. Natürlich war der Sohn traurig darüber, dass sein Vater nicht da war. Der Vater fehlte ihm. Trotzdem wurde seine Abwesenheit vom Rest der Familie und auch von Petri selbst lange Zeit als völlig normal erachtet. Das hatte Auswirkungen: Da die wichtige Trauerarbeit nicht stattfinden konnte, konnte auch kein Heilungsprozess in Gang gesetzt werden, so der Psychotherapeut. Das ist nicht nur bei ihm so gewesen, sondern geschah und geschieht ziemlich häufig.

Die »Väterabwesenheit«, wie Petri diese Phase seiner eigenen Biografie nennt, entsteht etwa durch Kriege und Scheidungen. Sie ist temporär, anders als die dauerhafte »Vaterlosigkeit« – ein Kind ist ohne Vater aufgewachsen – oder den dauerhaften »Vaterverlust« – der Vater verschwindet, stirbt. All das hinterlässt Spuren.

Petri ist der Ansicht, dass die Idee einer vaterlosen Gesellschaft nach dem Erscheinen von Alexander Mitscherlichs Buch 1963 falsch verstanden und im Geschlechterkampf als Waffe eingesetzt wurde. In seinem Buch *Das Drama der Vaterentbehrung* führt er diesen Gedanken weiter aus:

»Die wachsende Auflösung von Familien und Lebensgemeinschaften und der weitere Anstieg der Arbeitslosigkeit in der Bevölkerung ergänzen sich zu einer explosiven Mischung, von der eine reale Gefahr für die Gesellschaft ausgeht. Sie vergrößert nicht nur das Heer vaterverlassener Kinder, sondern überantwortet diese einer Desintegration von der Gesellschaft, wenn der Vater als positives Identifikationsobjekt und als Modell sozialen Lernens entfällt.«

Auch wenn ich ein »Lob der Vaterlosigkeit« keinesfalls pauschal als Instrument der Frauenbewegung erachte, ist Petris Sorge nachvollziehbar. Für ihn ist der Vater kein Add-on, nicht *nice to have*, sondern ein in den tiefsten Schichten der menschlichen Seele verankertes Prinzip, ein Archetyp – vergleichbar mit der Mutter. Er ist unverzichtbar – da stimme ich mit dem Psychotherapeuten überein.

Von einer bemerkenswerten Verschmelzung dieser beiden Archetype erzählt Jochen König in seinem Buch *Fritzi und ich. Von der Angst eines Vaters, keine gute Mutter zu sein.* Königs Tochter lebt seit ihrer Geburt bei ihm, ihre Mutter hat eine eigene Wohnung und holt das Kind tageweise zu sich. Das bringt Königs Umfeld oft zum Staunen, wie er etwa in dieser Szene zeigt: das Entwicklungsgespräch mit den Erzieherinnen aus Fritzis Kita.

»Wir reden noch etwas darüber, was Fritzi alles schon kann und wie viel sie schon spricht. Und darüber, wie sie mich in letzter Zeit häufig nennt: Mama. Und wie traurig sie ist, wenn sie von anderen deswegen korrigiert wird.

Wie soll Fritzi verstehen, dass ausgerechnet sie ein anderes Wort verwenden soll? ›Mama‹ ist in dem Alter eindeutig weniger eine Geschlechts- als vielmehr eine Rollenzuschreibung. Und wenn ich mich nun mal in der Mama-Rolle befinde, dann nennt mich Fritzi natürlich auch so. Ich habe kein Problem damit, Fritzi darf mich nennen wie sie möchte.«

Tatsächlich übernimmt König die klassische Mutter-Rolle, und die biologische Mutter seiner Tochter ist oft die Abwesende.

Er kommt nicht mehr

———— Heute gibt es viele Studien über die Bedeutung von Anwesenheit und Abwesenheit der Väter für ihre Kinder. Die meisten Untersuchungen belegen, dass es sowohl für die alleinerziehende Mutter als auch für Kind oder Kinder durchaus problematisch ist, wenn der Vater fehlt. Das belegt etwa eine Veröffentlichung des Wissenschaftszentrums Berlin von 2013, wo in einem Überblick über mehrere Studien gezeigt wird, dass Jungen nachweislich unter den Nachtschichten und Überstunden ihrer Väter leiden. In einer der Untersuchungen wurden in Adelaide, im südlichen Australien, Familien begleitet, in denen die Väter aufgrund von langen Arbeitszeiten fast nie da sind. »Söhne dieser Väter werden später sehr viel häufiger verhaltensauffällig oder aggressiv als Söhne, deren Väter weniger arbeiten«, so eine der Wissenschaftlerinnen. Was wohl damit zu tun hat, dass die Väter weniger mit ihren Kindern unternehmen – bei einer 55-Stunden-plus-Arbeitswoche ist das ja auch kaum möglich.

Töchter, die ohne Väter aufwachsen, kommen früher in die Pubertät, so das Ergebnis einer US-amerikanischen Studie von der University of California aus dem Jahr 2010. Auch die Langzeitschäden einer vaterlosen Kindheit wurden über die Weltkriegsgenerationen erforscht. Unabhängig voneinander bestätigen zwei Forschungsleiter, dass sich die Abwesenheit der Väter lebenslang etwa in Depressionen oder psychischen Erkrankungen auswirken kann.

Reinhard Winter berichtet von seinen Erfahrungen als Familienberater, dass sich vaterlose Kinder oft Ersatzfiguren suchen. Ein Vater, der fortgegangen ist, fährt in der Vorstellung seines Sohnes vielleicht in den USA einen

Truck – und wird eines Tages kommen und den Jungen mitnehmen. Winter weist darauf hin, dass diese Ersatzfigur auch lebendig sein kann: ein Großvater, ein Stiefvater oder eine lesbische Partnerin der Mutter – je früher sich die Beziehung zwischen Kind und Vater-Ersatzfigur entfaltet, desto besser.

Ein Kind, das ohne Vater aufwächst, wird dadurch seelisch beschädigt. Mal mehr, mal weniger – das hängt natürlich immer von verschiedenen Faktoren wie dem sozialen Umfeld, dem Umgang mit dem Vater-Fehlen und nicht zuletzt auch der Persönlichkeitsstruktur des Kindes zusammen. Doch ohne Beschädigung kommt wohl kein Kind davon. Das kann zum Zündstoff werden in den Händen all derer, die Trennungen und Scheidungen kategorisch ablehnen, die gegen die Veränderung des konservativen Familienleitbilds Papa, Mama, Kind(er) sind und für die alleinerziehende Mütter und ihre Hilfskräfte, Erzieherinnen und Lehrerinnen, Schuld tragen an Schulversagen und den kriminellen Übeltaten ihrer Söhne.

Zu Recht empfiehlt hier der Kölner Journalist Thomas Gesterkamp, das »zwischen Männern und Frauen gängige Täter-Opfer-Schema zu überwinden«. Denn das laute Schreien nach zur Verantwortung zu ziehenden Schuldigen und Verursachern dieser offensichtlich gesamtgesellschaftlichen Probleme hilft ebenso wenig wie das Abtun der Fakten. Ja, Kinder, die ohne Väter aufwachsen, leiden darunter. Doch es ist kontraproduktiv und am Ende des Tages auch einfach dumm, das Frauen vorzuwerfen, die immer wieder aufs Neue bewiesen haben und beweisen, dass sie Kinder auch ohne Vater aufziehen können.

Galgenhumor?

———— Dass Vaterlosigkeit neben all den Problemen auch
Chancen für ein Kind bedeuten kann, erwähnt der Psychologe und Psychotherapeut Gottfried Fischer in seinem
Buch *Von den Dichtern lernen ...* An einer Stelle stützt
sich Fischer auf Jean-Paul Sartre, der vaterlos aufwuchs
und darüber keinesfalls unglücklich war, wie er in seinen
autobiografischen Schriften höchst ironisch beschreibt:

»Es gibt keine guten Väter, das ist die Regel. Hätte mein
Vater weitergelebt, er hätte mich mit seiner ganzen Länge
überragt und dabei erdrückt.«

»Vaterlos – und Spaß dabei!« Mit diesen Worten zieht
Gottfried Fischer einen Bogen von der Lebensgeschichte
des französischen Philosophen zu den Ergebnissen von
Untersuchungen, die belegen, dass gerade »männliche
Kinder allein erziehender Mütter im Allgemeinen günsti-
gere Entwicklungschancen haben als Vergleichsgruppen
mit seelisch belasteten, pathologischen Vätern«. Problem-
väter stehen Kindern im Weg, ein eigenes, gutes Vaterbild
zu erschaffen, das für sie zum Vorbild wird.

In nicht wenigen Fällen ist ein Kind besser dran, wenn
es ohne Vater aufwächst – weil der dem Kind, seinen Ge-
schwistern und/oder deren Mutter Gewalt angetan hat.
Dysfunktionalität äußert sich aber auch durch einen Mangel an Glück. Das wissen Frauen und Männer, die aus diesem Grund Beziehungen beenden. Eine Ehe, die nur der
Kinder wegen aufrechterhalten wird, bringt früher oder
später viel Unglück in die Familie. Davon erzählt Alexander Stelter, Vater von drei Töchtern:

»Bevor ich meine Ehe beendete, war mir schon lange
bewusst, dass die Partnerschaft an sich nicht mehr die

richtige war. Ich blieb noch, weil ich dachte, ich könnte das den Kindern nicht antun. Aber ich wurde in dieser Zeit zum Zombie. Abgestumpft, hohl, ausdruckslos, wie mit dem Leben abgeschlossen. Die Fotos jener Zeit sind grauenhaft. Ein Zombie kann kein Vater sein, wie ich ihn mir vorstelle. Nur Versorger. Ohne Freude, Liebe, Verständnis, Vorbild, Coolness, positive Lebenseinstellung, Begeisterung, Neugier, Mut, Sensibilität, Wille. Ohne Lachen. Es ist dann besser zu gehen, so dass Kindern Lebendigkeit vorgelebt werden kann.«

Ich halte nichts davon, entwicklungspsychologische Erkenntnisse zu Waffen im Geschlechterkampf zu machen, schon auch deswegen, weil die Entwicklungspsychologie und auch die mit ihr verwandten Wissenschaften ja keine eindeutigen Lehrsätze ausspucken, die auf alle Menschen immer und für alle Zeiten gültig zutreffen.

Stattdessen gibt es einen immer gültigen Grundsatz: Wenn eine Paarbeziehung zu Ende geht, darf die Elternbeziehung von Mann und Frau nicht automatisch auch vorbei sein.

Hier müssen wir ansetzen und dazulernen. Und hier sind wissenschaftliche Ergebnisse ein wichtiges Hilfsmittel. Wenn ein Vater abwesend ist, muss verhindert werden, dass seine Abwesenheit traumatische Folgen für das Kind hat. Und es müssen Möglichkeiten für eine wenigstens zeitweise Vater-Anwesenheit geschaffen werden, anstelle typischer Reaktionen wie »Ist halt so« oder »Das geht doch vielen so« also ein deutliches »Papa bleibt trotzdem Papa«! Erst dann, wenn wirklich gesamtgesellschaftlich verstanden und anerkannt worden ist, dass Kinder Väter brauchen, können auch gesamtgesellschaftlich Lösungen gefunden werden, um Kinder und Väter selbst nach Trennungen und Scheidungen beieinanderzulassen.

Trennungsväter sind auch Väter

———— »Und wo hat dein Papa seine Wohnung?« Die Frage einer Kitafreundin meines Sohnes überrascht mich nicht. Die Eltern des Mädchens haben sich vor ihrer Geburt getrennt, sie lebt abwechselnd bei Mama und Papa, deren Wohnungen ein paar hundert Meter voneinander entfernt im selben Stadtviertel liegen. Dass Eltern kein gemeinsames Zuhause haben, ist für die Kleine der Normalfall.

Als mich mein Sohn später fragt, warum der Papa seiner Kitafreundin nicht mit ihrer Mama zusammenlebt, antworte ich spontan: »Die zwei sind nicht mehr verliebt.« Das reicht ihm als Antwort – und auf Nachfrage höre ich von der Mutter des Mädchens, dass sie ihrer Tochter ähnliche Erklärungen anbietet.

Zwei sind nicht mehr verliebt und trennen sich. Das kommt vor – auch wenn Kinder zu den zwei Entliebten gehören. Nach durchschnittlich 14 Jahren und 8 Monaten wird eine Ehe derzeit in Deutschland geschieden. Im Jahr 2013 gab es knapp 85.000 Scheidungen in Deutschland, von denen über 136.000 minderjährige Kinder betroffen waren, so das Statistische Bundesamt.

Die Zahlen schwanken in den letzten Jahrzehnten: 2003 waren es fast 108.000 Scheidungen, welche die Leben von rund 170.000 Kinder verändert haben; 1993 wurden knapp 82.000 Ehen beendet, was etwa 123.000 Kinder berührt hat.

Daneben trennen sich natürlich auch unverheiratete Paare mit Kindern. 2011 lebten 2,7 Millionen alleinerziehende Väter und Mütter in Deutschland, 59 Prozent von deren Kindern waren minderjährig – und in neun von zehn Fällen war das alleinerziehende Elternteil die Mutter.

Menschen hinter Zahlen

———— Nun steckt hinter jeder dieser Zahlen eine eigene, zumeist traurige Geschichte. Wenn eine Liebe zu Ende geht, eine Beziehung zerbricht, ist das für alle Beteiligten immer und überall schwer. Manchmal tragisch. Nicht selten traumatisch. Es ist mir wichtig, darauf hinzuweisen, denn die unzähligen von der Statistik gesammelten Daten verschweigen ja die Geschichten, die dahinterstecken. Eins aber machen die Zahlen unmissverständlich klar: Es ist heute absolut keine Seltenheit, dass ein Paar auseinandergeht und darüber entscheiden muss, bei welchem Elternteil das gemeinsame Kind, die Kinder künftig leben sollen.

Die meisten Trennungskinder wachsen bei ihren Müttern auf, sehen ihre Väter an den Wochenenden, in den Ferien – oder seltener. Und das liegt nicht immer an den Vätern. Wieder werden sie von der bereits angesprochenen fehlenden Ausgeglichenheit in der Behandlung der Geschlechter betroffen, wenn nicht sogar benachteiligt. An dieser Stelle möchte ich einem weit verbreiteten Vorurteil nachdrücklich widersprechen: Nicht alle Väter, die getrennt von ihren Kindern leben, weil die Beziehung zu deren Mutter nicht fortgeführt werden konnte, haben diese zusätzliche Trennung gesucht. Sie haben sie in Kauf genommen.

Aber das Bild des verantwortungslosen Hallodris, der sich bei Nacht und Nebel davonstiehlt für neue, jüngere Beine und Brüste und seine Kinder dabei hinter sich lässt wie ein Paar löcherige Socken – davon sollten wir uns verabschieden. Denn sonst machen die Trottel, die wirklich so sind, all den engagierten Trennungsvätern und ihren Kindern das Leben noch schwerer, als es eh schon ist. Frauen wollen daneben ja auch keine passiven »Opfer sein«, die tatenlos zusehen und zulassen, was um sie herum passiert. Lauter Vorurteile, die am Ende des Tages einer Gleichbehandlung der Geschlechter im Weg stehen – und alle Beteiligten um eine Menge Glück bringen.

Vor einigen Jahren wurde die US-amerikanische Fernsehserie *Lost* ausgestrahlt, in der es am Rande auch um die Wertschätzung eines Trennungsvaters geht: Da ist dieser Mann, Michael, Vater eines Sohnes, Walt. Die Beziehung zwischen Michael und Walts Mutter geht auseinander, sie akzeptiert ein lukratives Job-Angebot und zieht gegen den Willen Michaels mit dem etwa einjährigen Kind weit weg. Telefonate mit einem Kleinkind funktionieren nicht und besuchen kann Michael Walt nicht, weil ihm dafür das Geld fehlt. Walts Mutter geht eine neue Beziehung ein mit ihrem neuen Chef. Bald sagt sie Michael am Telefon, sie wird ihren neuen Freund – und Chef – heiraten. Hinzu kommt, dass ihr zukünftiger Ehemann Walt adoptieren will. Michael wehrt sich zuerst dagegen. Vor Gericht wird ihm dann klargemacht, dass er keine realistische Aussicht auf ein Leben mit seinem Kind hat: Trotz der gemeinsamen Monate nach Walts Geburt ist Michael heute ein Fremder für seinen Sohn, der inzwischen mit seiner Mutter und einem neuen Vater auf einem anderen Kontinent lebt.

Die Geschichte von Michael und seinem Sohn Walt ist fiktiv, und doch gibt es solche und ähnliche Geschichten auch jenseits der Fernsehunterhaltung im richtigen Leben. Sie widerlegen in der Tat das Bild des verantwortungslosen Egoisten, der einen regelrechten Nach-mir-die-Sintflut-Kurs steuert. Dieses Bild ergibt sich aus einem recht archaischen Umgang mit Vaterschaft, der uns immer wieder begegnet: Der Vater gilt als Erzeuger und Ernährer. Versagt er bei einer der beiden Aufgaben, so wie Michael, der auf dem Bau arbeitet und nur wenig verdient, wird er ersetzt. Durch einen besseren Ernährer. Der nicht unbedingt der Erzeuger sein muss.

Mit und ohne Ring

———— Die meisten Kinder werden geboren, ohne dass ihre Eltern vorher eine detaillierte Konzeption der neuen Familie erarbeitet haben. Es gibt junge, überraschte, spontane, zufällige Eltern – die natürlich auch nicht immer verheiratet sind. Die Eheschließung steht aber neben allen anderen etwa steuerlichen Vergünstigungen bis heute für die paritätische Aufteilung des Sorgerechts. Fakt ist: Ein ehelich geborenes Kind hat zwei Sorgeberechtigte, Mama und Papa. Bei einem unehelich geborenen Kind ist das erst mal nur Mama.

2010 wurden die Voraussetzungen für unverheiratete Eltern durch eine Entscheidung des Bundesverfassungsgerichts verändert: Das neue Sorgerechtsgesetz tritt im Mai 2013 in Kraft. Neu ist die Möglichkeit des unverheirateten Vaters, das Sorgerecht für sein Kind nach der Anerkennung der Vaterschaft auch gegen den Willen der Mutter beantragen zu können. Die damalige Bundesjustizministerin Sabine Leutheusser-Schnarrenberger erklärt diesen Schritt in einer Pressemitteilung:

»Durch das Gesetz wird das Familienrecht an die gesellschaftlichen Realitäten angepasst. Es trägt der Tatsache Rechnung, dass unsere Gesellschaft in den vergangenen Jahren bunter und offener geworden ist und sich der Anteil der nicht-ehelichen Kinder in den letzten 20 Jahren mehr als verdoppelt hat. Die Bereitschaft und Fähigkeit zur Verantwortungsübernahme für das eigene Kind ist keine Frage des Trauscheins.«

Die vielen unterschiedlichen Reaktionen auf das Gesetz zeigen, wie brisant diese neue Beantwortung der Frage »Wer sorgt für das Kind?« ist: Die einen kritisieren, dass Frauen sich nun mit Quasi-Vergewaltigern oder verantwortungslosen One-Night-Stand-Lovern darüber abstimmen müssten, welche Kita das gemeinsame Kind besuchen soll. Auch war zu hören, dass ein automatisches Mitsorgerecht für ein spontan entstandenes Kind, deren Eltern keine richtige Beziehung haben oder hatten, problematisch sei. Andere schimpfen das neue Gesetz einen faden Kompromiss, erhält doch immer noch nur die unverheiratete Mutter automatisch das Sorgerecht. Verschiedene Familienverbände bemängeln, dass in Streitfällen über das Sorgerecht in einem gerichtlichen Schnellverfahren, gegebenenfalls auch in Abwesenheit der uneinigen Eltern, entschieden wird. All diese Reaktionen zeigen einmal mehr, dass die Ungleichbehandlung von Frauen und Männern oftmals sogar gewünscht ist. Auch dann, wenn dadurch die einen benachteiligt werden – und das sind hier einmal nicht Frauen, sondern Männer.

In ihren Ausführungen zur Einführung des neuen Ge-

setzes zum Sorgerecht betont die damalige Bundesministerin Sabine Leutheusser-Schnarrenberger ein neues Leitbild, demzufolge Eltern die Verantwortung für ihr Kind
grundsätzlich gemeinsam ausüben sollen. Nur dann, wenn
es zum Wohl des Kindes erforderlich ist, soll der Vater
vom Sorgerecht ausgeschlossen sein. Auf eben das viel ge-
rühmte Kindeswohl bezieht sich auch das Berliner Zu-
kunftsforum Familie in seiner Kritik hinsichtlich der
beschleunigten Gerichtsverfahren, die Sorgerechtstreitig-
keiten klären sollen: »Nicht die Rechte am Kind stehen im
Mittelpunkt, sondern die gemeinsame elterliche Verantwortung für das Kind.«

Im Trennungsfall bleibt diese »gemeinsame elterliche
Verantwortung für das Kind« leider nicht immer im Fokus. Was absolut nachvollziehbar ist: Ich kann mir den
Zorn vorstellen, den eine Frau empfindet, wenn ihr Mann
sie verlässt, für eine andere, eine jüngere, die er vielleicht
schon länger kennt, mehr als kennt.

Ich kann auch die Frustration eines Mannes nachemp-
finden, der vor vollendete Tatsachen gestellt wird: auszie-
hen soll aus dem gemeinsamen Heim, denn er stört das
neue Glück seiner Frau, die jetzt nicht mehr seine Frau
sein möchte, sondern die eines anderen.

Zorn und Frustration helfen, eine Beziehung zu beenden. Gut so! Doch wenn während der Beziehung Kinder
geboren wurden, ist eine zweite Verbindung zwischen
Mann und Frau entstanden, die spätestens jetzt unantast-
bar sein muss.

»Viele Eltern sind in der Lage, ihre Konflikte, die sie als
Paar austragen, von ihrer Elternschaft zu trennen. Wenn
die Eltern zur Kooperation bereit und fähig sind, ist die
gemeinsame Sorge der geeignete Rahmen zur Ausübung

ihrer auch über Trennung und Scheidung hinaus fortbeste-
henden gemeinsamen Verantwortung für das Kind.«

So steht es in der Broschüre *Kindschaftsrecht* zu den
Neuregelungen des Gesetzes im Jahr 1998. Und das ist
wirklich eine schwierige Aufgabe, die Elternbeziehung
nicht zu Grabe tragen, wenn die Paarbeziehung beendet
ist. Aber: Sie dient dem Wohl des Kindes.

Über den Schatten springen

————— Ich kenne das aus eigener Erfahrung: Mein Mann
hat zwei Kinder aus seiner ersten Ehe. Sein heutiges, gutes
Verhältnis zu seiner geschiedenen Frau und seine sehr innige Beziehung zu seinen Töchtern sind das Ergebnis har-
ter Arbeit: Er hat über längere Zeit familientherapeutische
Unterstützung in Anspruch genommen und hat hartnä-
ckig darum gekämpft, auch nach der Trennung Vater zu
bleiben – nach hohen, selbst auferlegten Ansprüchen. Natürlich hat er gerade in der Trennungsphase auch Zuspruch
erhalten aus seinem familiären Umfeld.

Doch wie in den meisten Fällen wurde auch bei dieser
Trennung im Bekanntenkreis Partei ergriffen für – oder
gegen ihn. So etwas übt unglaublichen Druck aus auf die
getrennten Elternteile.

Ich glaube, in den seltensten Fällen ist denjenigen, die
Ratschläge an eine liebe Freundin oder einen guten Freund
geben oder Aufmunterung und Verständnis spenden wollen, klar, welch immense Verantwortung sie bei jedem aus-
gesprochenen Wort tragen. Ich nehme mich selbst da keinesfalls aus. Umso wichtiger ist hier ein Verstehen aus der
Mitte der Gesellschaft heraus, dass man über den Exfreund

der besten Freundin durchaus herziehen darf. Über den Exfreund, der Vater ihrer Kinder ist, zu schimpfen, das ist eine andere Sache.

Auch deshalb glaube ich, dass das Aufrechterhalten der Elternbeziehung nicht ohne professionelle Hilfe funktioniert. Und diese Hilfe kommt am besten von außen – auch wenn der Einfluss von Freundeskreis und Familie natürlich wichtig ist und wie in jeder anderen Krisensituation auch hier Halt gibt. Doch eine unparteiische Instanz von außen ist zusätzlich erforderlich. Etwa eine Mischung aus therapeutischer und praktischer Unterstützung: An der einen Stelle wird geholfen, mit den verletzten Gefühlen umzugehen, eine neue Basis zu schaffen für die Kommunikation zwischen den getrennten Eltern und für die Kommunikation mit dem Kind.

Es gibt Partnerschaften, die einigermaßen einvernehmlich beendet werden – doch häufig wird auch dort gestritten, und zwar meistens um Geld, um die Höhe von Unterhaltszahlungen, die Frage, wer welche Urlaubskosten anteilig oder nicht finanziert oder ob das Kind nun wirklich im Februar noch neue Winterstiefel benötigt. Hier muss praktische Unterstützung greifen, etwa von einer öffentlichen Stelle, um Lösungen für die neue Wohnsituation zu finden, wer von wem welche finanziellen Mittel benötigt und so weiter.

Eltern bleiben nach der Trennung

———— Am Ende der Paarbeziehung sollte die Elternbeziehung zu einem bestimmten Teil öffentlich werden – was merkwürdiger klingt, als es ist. Dass Paare Kinder kriegen, ist ja gar nicht so privat, wie man meint: Das Kind muss spätestens eine Woche nach der Geburt beim Standesamt angemeldet werden. Die Geburt muss der Krankenkasse gemeldet werden. Dem Arbeitgeber. Der Agentur für Arbeit, um Kindergeld zu beantragen. Das Kind muss in regelmäßigen Abständen kinderärztlich untersucht werden – bei der Kindergartenanmeldung muss man diese »U-Untersuchungen« häufig nachweisen. Und spätestens ab der Schulzeit ist das Kind keineswegs mehr reine Privatsache der Eltern. Was gut ist – hier denke ich mehr an das tatsächliche Wohl des Kindes als an einen Überwachungsstaat.

Wie schafft es ein Vater nach einer Trennung, weiterhin Vater zu bleiben? Reinhard Winter kennt die Schwierigkeiten aus seiner Berater-Praxis:

»Es ist schwer, aber es geht. Wenn es gelingt, erwachsen zu bleiben, Eltern zu bleiben, ohne dass kindliche Kränkungen bei den Eltern überhandnehmen, dann ist alles zu managen. Auch, dass Vater und Mutter als Eltern wahrgenommen werden von ihren Kindern, obwohl sie kein Paar mehr sind.«

Dieses Erwachsenbleiben ist Schlüssel und Herausforderung zugleich. Ein guter Start ist es, wenn die neuen Wohnungen von Papa und Mama nicht allzu weit auseinander sind. Zieht ein Elternteil mit dem Kind weg, wird alles viel komplizierter.

Alexander Stelter ist Vater von drei Töchtern, von denen er seit neun Jahren zeitweise getrennt lebt. Er hat zwei Wohnungen, ein Haus nahe München und eine Wohnung in Hessen, wo die Kinder sonst mit ihrer Mutter leben. Die Wohnung wollte er hauptsächlich aus praktischen Gründen: Die Kinder verbringen jedes zweite Wochenende mit ihm. Und daneben ist sie auch ein klares Symbol dafür, dass er nicht »weg« ist. Die Wohnung liegt in der Nähe der Schule der Kinder, im Nachbarort des Hauses ihrer Mutter. In seiner Wohnung haben die Kinder ihren eigenen Bereich, dort ist mehr der Alltag zu Hause, wie er sagt. Das Haus in Bayern ist für die Kinder ein Feriendomizil. Ganz klar ist das Haus, in dem sie mit ihrer Mutter leben, ihre Basis, so Stelter. »Meine Standorte sind Bereicherung.«

Nicht selten zieht nach einer Trennung das eine Elternteil in eine andere Stadt – aus persönlichen Gründen, aus ökonomischen Gründen, weil eine neue Beziehung entstanden ist oder weil ein neuer Start an einem neuen Ort besser zu schaffen ist. Nicht alle verfügen über die finanziellen Mittel, dann zwei Wohnungen anzumieten, wie Alexander Stelter es gemacht hat, um auch in der Nähe seiner Kinder präsent sein zu können.

In den wenigsten Fällen übernachtet der Trennungspapa gerne auf dem Sofa seiner Exfrau, wenn er seine Kinder besucht. Genau dann hilft »Flechtwerk 1+2«: Flechtwerk ist eine kleines, gemeinnütziges Sozialunternehmen in München, dem eine genial einfache Idee zugrunde liegt: Getrennt lebende Papas und Mamas können über die Organisation bundesweit gratis Übernachtungsmöglichkeiten in Privatwohnungen finden. So können sie ihr Kind deutlich kostengünstiger besuchen und dabei auch ihre Unabhängigkeit wahren.

Vermittelt wird auch ein »Kinderzimmer auf Zeit«, zum Beispiel in den Räumen von Kindergärten am Besuchsort – damit ein Treffen nicht immer im Tierpark, Kino oder bei McDonald's stattfinden muss. Schließlich bietet Flechtwerk die Vermittlung von Eltern-Coachings an. Das ist die praktische Unterstützung, die ich mir für die Stärkung der Elternbeziehung von getrennten Paaren wünsche.

Ein anderer guter Weg zur Stärkung der gemeinsamen elterlichen Verantwortung von getrennt lebenden Paaren wird seit einigen Jahren im rheinland-pfälzischen Cochem begangen. Der Arbeitskreis-Trennung-Scheidung hat das »Cochemer Modell« begründet, in dem die an einer Trennung beteiligten Parteien zur Kooperation gebeten werden. Das sind etwa die Rechtsanwälte der Elternteile, das Familiengericht und gerichtliche Gutachter, das Jugendamt, Sachverständige und die Lebensberatungsstelle. Ziel ist, »Eltern die eigenständige Elternverantwortung für ihre Kinder zu ermöglichen«.

Dieses Engagement ist eine einzigartige Pionierleistung, denn in vielen Fällen arbeiten die einzelnen an einem Scheidungsverfahren beteiligten Parteien gegeneinander. Es geht um Schuld, recht haben und meistens auch um Geld. All diese Dinge haben aber an sich nichts mit den Kindern zu tun, sondern mit der Paarbeziehung ihrer Eltern. Und nicht selten spielt auch die bereits erwähnte Koppelung von Weiblichkeit und Mutterschaft hier mit rein: Eine Frau, der der Partner, der Freund, der Liebhaber, abhandengekommen ist, hat häufig Probleme mit ihrem Selbstbild als Frau und ihrem daran gekoppelten Selbstwertgefühl. Da will sie sich nicht auch noch das letzte bisschen Weiblichkeit, ihre Mutterschaft, nehmen lassen durch ein Aufteilen der Verantwortung für das Kind. Ist das Kind doch das Einzige, das Letzte, was ihr geblieben ist.

All das beeinflusst das Leben des Kindes immens – hinsichtlich des regelmäßigen Umgangs mit dem Elternteil,

bei dem es nicht lebt, und des Besuchsrechts dieses Eltern-
teils. Die finanzielle Unterstützung kann davon betroffen
sein, wenn »Altlasten« aufgelistet und verrechnet werden
sollen. Und natürlich leidet die Beziehung des Kindes zu
Mutter und Vater darunter. Damit wären wir wieder bei
der Wahrung des Kindeswohls ...

Die Mär vom Kindeswohl

──────── Je trauriger die Geschichten, die hinter einer
Trennung liegen, desto häufiger finden wir sie in den Medien. Dort werden Frauen nicht selten als fiese Hexen gezeichnet, die Männer als Samenspender, aber nicht als
Väter brauchen. Vätern wird Unmoral hinsichtlich des
Unterhalts nachgesagt, Müttern Habgier bei der Aufteilung des Vermögens. Und nicht selten werden überzogene
Ansprüche mit einem Hinweis auf das Kindeswohl verar-
gumentiert.

Dass es all das gibt, steht außer Zweifel. Leider. Doch
ich glaube fest daran, dass die Mehrheit der getrennt lebenden Eltern durchaus ein Interesse daran hat, möglichst rei-
bungslos und so gemeinsam wie möglich ihre Kinder zu
betreuen. Auch wenn dieses Interesse bei einigen noch im
Schlummerzustand liegt. Doch darüber findet sich kaum
etwas in den Medien.

Nur wenn Elternschaft eine Paar-Trennung übersteht,
kann auch das Trauma überwunden werden, das ein Elternteil durch die Trennung von seinem Kind erleidet. Das
wird, so meine Erfahrung, gerne übersehen: als hätte ein
Vater gar nicht so viele Gefühle für sein Kind, als würde es
ihm kaum etwas ausmachen, sein Kind nicht mehr täglich

zu sehen, als würde es ausreichen, hin und wieder zu telefonieren oder nur einmal pro Jahr die Schulferien gemeinsam in einem Zelt auf der Mecklenburgischen Seenplatte zu verbringen.

Eine Beziehung etwa zu einem dreijährigen Kind über die digitalen Medien aufrechtzuerhalten, ist immens schwierig: Kindergartenkinder sind nicht die besten Telefonierer. Und bleiben auch nicht immer vor der Webcam stehen, wenn geskypt wird.

Ich kenne nicht wenige Berichte über den Kummer, der versteckt gehalten wird hinter verwackelten Selfies der Kinder am Spiegel in der neuen Wohnung eines Trennungsvaters. Auch hier wünsche ich mir ein Ende der Ungleichbehandlung von Frauen und Männern, die Trennungsväter häufig deutlich benachteiligt.

Wir brauchen mehr Empathie, mehr Verständnis für Väter, die ebenso schwer unter »Kindesentzug« leiden können wie Mütter – egal, ob sie dem nun zugestimmt haben oder nicht. Denn sonst strafen wir einmal mehr alle Geschlechtergerechtigkeits-Bestrebungen Lügen: Von einer Mutter würde nicht mal im Traum jemand verlangen, sie solle ihr Kind ohne Widerstand an sein anderes Elternteil übergeben. Von einem Vater wird das aber regelmäßig erwartet.

Entsorgte Väter

———— »Ich war vor einiger Zeit bei meiner Mama – deiner Oma, die du bis heute nicht kennst. Wir haben Legosachen auf dem Dachboden gefunden. Das Raumfahrtprogramm mit all den kleinen Astronauten und Raumschiffen.

Und eine ganze Menge alter Autos: Meinen großen Kran von Tante Hildegard und den Postbus, den deine Oma, dein Opa und ich mal in der Schweiz gekauft haben. Vor nicht ganz dreißig Jahren habe ich damit gespielt, und gerne würde ich auch zusammen mit dir damit spielen.

Ich vermisse dich.

Dein Papa«

Es gibt Väter, die ihr Kind tatsächlich nach der Trennung von deren Mutter nicht mehr sehen – abgesegnet von Ämtern, Gutachten und Gerichten. Katrin Hummel erzählt in ihrem Buch *Entsorgte Väter. Der Kampf um die Kinder: Warum Männer weniger Rechte bekommen* einige dieser wirklich tragischen Geschichten »von Vätern, die ihre Kinder nicht mehr sehen dürfen, weil die Mütter dieser Kinder es so wollen«.

Bei der Arbeit an ihrem Buch hat Hummel erlebt, dass fast alle Mütter, die an den von ihr erwähnten Geschichten beteiligt sind, reflexhaft mit einer Klage drohten, wenn über ihre Fälle berichtet werde. Kaum eine war bereit, mit der Journalistin zu sprechen, demnach ist ihre Berichterstattung sehr einseitig. Und Hummel schließt daraus, dass die Situationen mehr als verfahren sind:

»Das Drohen, Klagen, sich sein Recht nehmen ist manchen Müttern dermaßen in Fleisch und Blut übergegangen, dass sie die Väter mit allen Mitteln bekämpfen und auch noch meinen, sie täten es für das Wohl ihrer Kinder.«

Am Ende geht es in diesen ausschließlich traurigen, ja entsetzlichen Berichten einmal mehr um das Kindeswohl. Es wird an dieser Idee gezerrt und gerissen, es geht um Recht und Vorbestimmung, als könnten die einen es von Natur aus besser ermöglichen als die anderen. Doch dass diese einen immer Mütter und nie Väter sind, ja dass Mütter quasi biologisch einfach dafür geeigneter sind, es ihrem Kind gut gehen zu lassen, als Väter, das halte ich nicht für akzeptabel.

Das Leben eines Mannes, der Vater sein möchte, wird unweigerlich beschädigt, wenn er nicht zu seinem Kind gelassen wird. Das belegt Hummels Buch ganz deutlich. Und das, obwohl zum Kindeswohl die Bindung zu beiden Elternteilen gehört, was im Rahmen der Kindschaftsreform von 1998 sogar gesetzlich verankert wurde. Allerdings nur dann, wenn die gemeinsame elterliche Sorge auch funktioniert.

Ich bin fest davon überzeugt, dass jeder Vater, der sich von der Mutter seines Kindes, seiner Kinder getrennt hat, unter einem schlechten Gewissen leidet. Das kenne ich auch von meinem Mann: Jenes immer präsente Gefühl, den eigenen Kindern etwas weggenommen zu haben, nämlich ihre Eltern, kann einen Menschen mit großer Schuld erfüllen, unabhängig davon, wie die individuellen Hintergründe sind.

Doch der idealtypischen Vorstellung von Eltern auch gegen das eigene Empfinden nachzueifern, ist am Ende des Tages die schlechtere Wahl. Weil ein solches Leben eine Lüge ist – so hat es auch Alexander Stelter empfunden:

»Kann ich Kindern ein Leben in Lüge vorleben? Soll ich ihnen sagen, wenn die Jüngste 18 ist und ich endlich gehen kann, dass die letzten zehn Jahre nur Show waren? Was wäre das für eine Erschütterung des Vertrauens und des Glaubens an die wichtigsten Vertrauenspersonen? Wie sollen diese Menschen jemals wieder vertrauen können, in Menschen und Partnerschaften? Lieber getrennte Eltern als Lebenslüge.«

Zu dieser Erkenntnis findet man eher langsam. Und natürlich verändert sich durch eine Trennung auch die Beziehung zwischen Kind und Vater. Ich kenne Trennungsväter, die heute weniger streng und konsequent in Erziehungsfragen sind, als sie es damals waren, als sie noch mit der Mutter des Kindes zusammenlebten. Das muss aber nicht zwangsläufig so sein. So sieht sich Alexander Stelter nicht als Ferien- oder Party-Papa, sondern gibt sich große Mühe, ein Alltagsvater zu sein, mit sämtlichen damit verbundenen Aufgaben: Hausaufgaben machen, einkaufen, kochen, putzen und eben auch Grenzen setzen. Dass er trotzdem Abstriche machen muss, ist ihm bewusst:

»Ich versuche, räumliche Nähe so gut es geht herzustellen. Aber sie ist eben nicht so gegeben, wie es sein könnte. Ähnlich ist es mit der emotionalen Nähe: Sind wir uns nah, vertraut, können wir uns austauschen, verstehe ich ihre Gefühle, weiß ich, was sie umtreibt? Nicht genug.«

Gerade der Aspekt der Nähe ist nicht nur für ihn ein großes Defizit, sondern für viele getrennte Eltern – und Kinder. Stelter ist dennoch positiv eingestellt und hält seine Entscheidung nach wie vor für die richtige:

»Das Gehen, das Beenden der Ehe war ganz klar Voraussetzung dafür, den Kindern ein besserer Vater sein zu können. Die Einschränkungen durch die Situation sind da, aber ein lebendiger Vater, der das Vertrauen nicht durch eine Lüge zerstört hat, Freiheit und das gleichzeitige Wahren der Verantwortung vorlebt und sogar noch eine Bereicherung durch eine neue Art der Partnerschaft vorleben kann, ist den Schritt definitiv wert.«

Alexander Stelter zeigt hier seinen sehr persönlichen Weg auf, Vaterschaft zu definieren und zu leben. Er ist ein engagierter Vater, der sich mit vorgefertigten Rollen nicht zufriedengibt und bereit ist, seine eigene Rolle zu finden.

Deins, meins, unseres

────── »Bei den Begriffen ›Eltern‹ und ›Depression‹ denken die meisten Menschen zuerst an den Babyblues kurz nach der Entbindung. Dabei sind Mütter und Väter unterschiedlichen Stresssituationen ausgesetzt, und gewisse Formen der Elternschaft können sogar sehr, sehr viel Druck ausüben.«

Kevin Shafer, Professor für Soziale Arbeit von der Universität Princeton, hat Anfang 2015 eine Studie über Trennungsväter veröffentlicht, die auch Patchwork-Familienväter sind.

»Wird von mir erwartet, dass ich in die Elternrolle schlüpfe, soll ich ein Freund sein oder sowas wie ein cooler Onkel?«

Shafer belegt, dass Patchwork-Familienväter unter besonderem Druck stehen, weil sie in ihrem Alltag bis zu drei Rollen übernehmen müssen als Väter deiner, meiner und unserer Kinder. Ihr Risiko, an einer Depression zu erkranken, ist statistisch gesehen immens hoch, was auch daran liegt, dass es wieder einmal wenige Vorbilder gibt und ihre Rolle häufig die des Vermittlers zwischen den einzelnen Splittern der Familie ist.

Hinzu kommt, dass Männer eher selten professionelle Beratungsstellen um Hilfe bitten. Was tragisch ist, besonders in der heutigen Zeit, wenn doch Patchwork-Familien ganz und gar keine Seltenheit mehr sind.

Als ich mit einer Frau, die selbst in einer Patchwork-Familie aufgewachsen ist, über diese Studie diskutiere, zeigt sie wenig Verständnis. Sie sagt, der Druck, der auf diesen Familienvätern laste, würde daraus resultieren, dass sie eben nicht Stellung beziehen wollten. Sie würden weder in Erziehungsfragen der neuen Partnerin Grenzen setzen noch in Konfliktsituationen zu ihren Kindern aus der ersten Beziehung wirklich stehen.

In vielen Fällen mag das leider zutreffen. Vor allem in früheren Generationen, als Vaterschaft viel eher regelrecht beendet wurde durch die Trennung von Mutter und Kindern. Doch ich bin überzeugt, dass der in der Studie diagnostizierte Druck tatsächlich heute existiert – und damit haben auch die Partnerinnen zu tun, zumindest in einigen Fällen. Es gibt nicht wenige Patchwork-Familienväter, über die gerne gelästert wird, weil sie sich angeblich nie wirklich geschert haben um die Kinder ihrer Frauen aus erster Ehe oder einer früheren Beziehung. Auch ich höre immer wieder solche Geschichten. Wenn ich dann nachhake, ist die Realität meistens weniger schwarz-weiß, als das Lästern es erscheinen lässt.

Es stellt sich vielmehr heraus, dass es durchaus Versuche vonseiten dieser Männer gab, ein Verhältnis zu den Kindern ihrer Frauen aufzubauen. Dass sie gerade am Anfang viel investiert haben, vom gemeinsamen Stadionbesuch bei den Jungs bis zum Popkonzert bei den Mädchen. Die Kinder haben sich darüber gefreut, aber natürlich auch Grenzen gezogen. Sie haben ja schon einen Vater, einen, der halt jetzt nicht mehr mit der Mutter lebt. Den wollen sie keinesfalls verraten, sondern absolute Treue zeigen.

Auch die neuen Frauen haben sich gefreut, aber auch sie haben Grenzen gezogen. Wenn das Verhalten des neuen Partners sie an den alten erinnert hat. Oder wenn es ihren eigenen Vorstellungen nicht entsprochen hat. Oder wenn es die ganz angenehme Mutter-Kind-Beziehung irgendwie gestört hat. Niemand hat hier absichtlich die Gefühle des anderen nachhaltig verletzen wollen. Trotzdem ist es passiert und wird es wieder passieren.

Und welcher Vater bist du?

———— Tatsächlich ist es für diese Väter schwierig, im Überangebot der Rollen einen eigenen Weg zu finden: Da gibt es die allgemein gültigen gesellschaftlichen Erwartungen, die sich irgendwo zwischen der männlich-stolzen Ablehnung von Kuckuckskindern und der generösen Vorstellung von globaler väterlicher Verantwortung bewegen. Dann sind da die individuellen Wünsche und Bedürfnisse ihrer Partnerin und der Kinder, der leiblichen wie der nicht leiblichen. Schließlich kommt der eigene Anspruch noch hinzu, den diese Väter an sich selbst bestimmt auch haben.

Vielleicht würden sie sich auch mehr um die Kinder kümmern, wenn sie den Eindruck hätten, sie würden dabei mehr gebraucht werden als bloß zur Erledigung diverser Aufgaben zwischen Babysitting und mal männlich schimpfen. Wie der renommierte dänische Familientherapeut Jesper Juul in seinem Buch *Mann & Vater sein* treffend beschreibt, geht es darum, Partner zu sein und nicht bloß Butler. Doch gerade das zu ermöglichen, gar zu unterstützen, kann für eine Mutter, die eine neue Beziehung eingeht, sehr schwer sein.

So stürzt diese Suche nach einem eigenen Bild für einen Vater, der ja irgendwie auch kein Vater ist, nicht wenige in ein Dilemma. Was diese Männer nicht unbedingt von jeder Verantwortung freispricht – Vater sein, ob Patchworkfamilienvater oder leiblicher Vater, ist eine Entscheidung, die jede Menge Engagement mit sich bringt.

Eine Beziehung aufzubauen zu den Kindern, die in einer früheren Beziehung der Partnerin beziehungsweise des Partners geboren wurden, das ist eine Herausforderung. Weil diese Kinder auf den ersten Blick gar nicht so viel mit dem Hier und Jetzt, mit der neuen Liebe, dem neuen gemeinsamen Leben zu tun haben. Dass »deine« Kinder aber auch zu »dir« gehören, muss selbstverständlich sein. Und zwar nicht nur für Frauen, die Mütter sind, sondern auch für Männer, die Väter sind. Ich selbst habe therapeutische Hilfe gesucht, um eine Rolle zwischen »Mutter« und »neuer Frau von Papi« zu finden, mit der ich gut leben kann. Heute erfüllt es mich mit großem Stolz, dass die beiden Töchter meines Mannes auch zu meinem Leben gehören.

Patchwork ist nicht cool

———— Mehr Engagement und weniger Hype – dass Patchwork keinesfalls eine Win-win-Situation ist für die davon betroffenen Menschen, schreibt Melanie Mühl in ihrer düsteren Streitschrift *Die Patchwork-Lüge*. Die Autorin kritisiert darin scharf die von vielen Fernsehserien, angefangen bei *Ich heirate eine Familie*, und Cheerleader-happy-formulierten Berichten über neue Ehen trotz alter Kinder von Celebritys gestärkte Wahrheit, Patchwork sei cool.

Mühl findet Patchwork das Gegenteil von cool und noch mal schlechter, weil folgenschwerer. Sie erwähnt traumatisierte Scheidungskinder und familiäre Katastrophen und bedauert schließlich zutiefst, dass in unserer heutigen Zeit nichts mehr von Dauer ist, ja nicht einmal mehr die Tatsache, dass man Vater oder Mutter eines Kindes ist.

Cool ist Patchwork mit Sicherheit nicht. Aber es ist möglich, es zu leben. Und zwar auch sehr gut.

Ich glaube, dass die Rahmenbedingungen, verheiratet oder unverheiratet, in einer Wohnung oder in zwei Wohnungen, am Ende des Tages Dinge sind, an die sich ein Mensch gewöhnen kann. Kinder noch leichter, weil sie ja auch in Realitäten hineinwachsen. Und ich bin fest davon überzeugt, dass es besser ist, die Wahrheit der Lüge vorzuziehen – hier stimme ich mit Melanie Mühl überein. Das heißt aber nicht, dass Patchwork per definitionem eine Lüge und biologische Elternschaft somit das einzig Wahre ist.

Profitiert ein Kind von einem biologischen Vater, der nie zuhause ist, sondern immer abwesend, weil er keine zwei Minuten im selben Raum mit der biologischen Mutter erträgt? Weil Dinge zwischen den beiden vorgefallen sind, die mit dem Kind überhaupt nichts zu tun haben? In solchen Konstellationen ist es tatsächlich besser, dem Kind keine intakte Elternschaft vorzugaukeln, sondern die Paarbeziehung zu beenden. Um eine bessere Mutter, ein besserer Vater zu sein.

Trennungsväter benötigen Unterstützung, und zwar nicht nur aus ihren engen, familiären Beziehungen. Auch besteht ein Ungleichgewicht zwischen Männern und Frauen, das aufgehoben werden muss. Wenn eine geschiedene Mutter fast schon zur Heiligen verklärt wird, weil sie sich aufopfernd um ihr Kind kümmert, das ja nun niemanden mehr hat als sie, nachdem sein Papa über alle Berge ist, hat das auch damit zu tun, dass die Gesellschaft diese Lesart einer komplexen Geschichte vorzieht. Und letzten Endes zustimmt, dass ein Vater durch die Trennung sein Recht auf Vaterschaft verliert, ja »verspielt«.

Dass der Exmann zwar ein lausiger Partner ist, aber dennoch ein guter Vater – diese Aussage habe ich in meinem Leben selten gehört. Liegt das nur an den Männern?

Wenn wir lernen, Vaterschaft nicht nur an ein festgelegtes Familienmodell zu koppeln, dann können wir nur gewinnen. Wenn wir zulassen, dass ein Mann, der in einem Ein-Zimmer-Apartment lebt und dort jedes zweite Wochenende gemeinsam mit seinen Kindern auf einem ausziehbaren Sofa übernachtet, auch ein liebevoller und engagierter Vater sein kann, obwohl er in der Beziehung zur Mutter seiner Kinder vielleicht keine gute Figur gemacht hat, dann steuern wir auf ein Gleichgewicht der Geschlechter zu.

Der Mut der Männer

———— »Wir tun ja nur so, als wäre uns wichtig, dass sich was ändert. Sonst würden wir uns doch nicht in Massen mit dieser Rolle abfinden. Wer kann uns denn das Ungleichgewicht in der Beziehung aufzwingen?«

Das »Wir« sind diesmal Frauen, obwohl diese Sätze, geschrieben von der Publizistin Bascha Mika, durchaus auch auf ein »Wir Väter« zutreffen. Mikas Buch *Die Feigheit der Frauen*, 2011 erschienen, ist eine Kampfansage an Frauen, die gut ausgebildet sind und sich trotzdem in einer Komfortzone fern der Arbeitswelt ausruhen, umringt von den lieben Kinderlein, in der Hand stets ein warmer Kaffee mit Milchschaum – natürlich finanziert von den berufstätigen Göttergatten. Mika wirft diesen Frauen – und es sind nicht wenige, die ein solches Lebensmodell gewählt haben – Feigheit vor. Weil sie sich einwickeln lassen von falschen Rollenvorstellungen, und weil sie nicht bereit sind, die längst fällige Überarbeitung unserer Familienleitbilder mitzutragen.

Offensichtlich stehen neben diesen »feigen Frauen« Männer, denen es ebenfalls an Mut fehlt, die dieses »Ungleichgewicht in der Beziehung«, von dem Mika schreibt, ebenso akzeptieren. Die es hinnehmen, eben auf ihre Göttergatten-Eigenschaften reduziert zu werden: ein, zwei schöne Kinder zeugen, ein schönes Eigenheim finanzieren und einen schönen Urlaub auch. Männer, die es ertragen, dass sie keinesfalls viel Anerkennung als Väter erfahren, sondern stattdessen auf Witzfiguren oder Add-ons ihrer Partnerinnen reduziert werden.

Unsicher hinsichtlich der eigenen Bedeutung und ebenso wie ihre Partnerinnen geleitet von einem starken »Sog«, wie Bascha Mika die Anziehungskraft der klassischen Rollenvorstellungen von Frauen und Männern bezeichnet, halten Göttergatten und die feigen Kaffeetrinkerinnen also gemeinsam an den alten Familienmodellen fest. Leider – denn längst ist doch erwiesen und dreifach belegt, dass Frauen auch Geld verdienen können und Männer als Väter weitaus mehr gebraucht werden als bloß als Finanzierer des Glücks. Mut zur Veränderung ist also nicht nur gefragt, sondern auch angemessen.

Die Verhaltensstarren

———— »Wissen Väter eigentlich, dass sie unverzichtbar sind?«, frage ich den Männer- und Jungenberater Reinhard Winter. »Viele wissen das nicht«, sagt er. So erlebt er oft überraschend positive Reaktionen auf seine Vorträge über die Bedeutung von Vätern:

»Die Männer, die kommen, sind sehr dankbar, wenn ihnen nicht der Kopf gewaschen wird, sondern ihnen ohne Vorwurfshaltung die Bedeutung von Vaterschaft erläutert wird.«

Diese Vorwurfshaltung findet man an vielen Stellen, ob in Witzen über Väter, auf Kaffeekränzchen oder in politischen Debatten. Väter würden nur so tun, als wollten sie Vater sein. Wirkliches und ernst gemeintes Engagement hinsichtlich einer Veränderung der ungerechten Strukturen zu Lasten der Mütter zeigten sie nicht. Also immer noch: lieber Ernährer und Fußballplatz-Papa als Vollzeitvater mit Windel- und Wäschedienst. Hier wird das Lippenbekenntnis der »neuen Väter« in die Mangel genommen, die nach dem Ende des Zweiten Weltkriegs nicht genug aus ihrer Aufbruchstimmung gemacht haben. Vor fast 30 Jahren nannte der Soziologe Ulrich Beck die dürftige väterliche Bereitschaft hinsichtlich einer Mehrbeteiligung an der Kindererziehung »verbale Aufgeschlossenheit bei weitgehender Verhaltensstarre«.

Damit hat er eines der am meisten zitierten geflügelten Worte der Sozialwissenschaften geprägt. Beck bezog sich damals auf die von Sigrid Metz-Göckel und Ursula Müller veröffentlichte Studie *Der Mann*. Darin beschrieben die Wissenschaftlerinnen, die als Begründerinnen der Frauenforschung gelten, Männer mit den Worten »Womit sie mit ihrem Kopf eintreten, setzen sie in der Tat nicht um«.

Diese Beobachtung bezogen die Forscherinnen besonders auf das Engagement von Männern im Haushalt und bei der Kindererziehung. Beck fasste diese Ergebnisse zusammen und erklärte, dass Gleichstellung für Männer eben nicht »mehr Bildung, bessere Berufschancen und weniger Hausarbeit« mit sich bringe wie für Frauen, sondern komplementär »mehr Konkurrenz, Verzicht auf Karriere, mehr Hausarbeit«.

Trotzdem haben sich bis heute viele Männer, viele Väter auf den Weg zu einem Geschlechterverhältnis auf Augenhöhe gemacht. Aus unterschiedlichen Gründen, mit unterschiedlichen Ergebnissen – da es »die Männer« nicht gibt, gibt es natürlich auch nicht »die Bereitschaft« zur Veränderung.

Aber das sind doch alles Ausnahmen, die die Regel bestätigen, winken viele Kritikerinnen und ein paar Kritiker dennoch ab.

So wird Vätern häufig pauschal der Vaterschafts-Garaus gemacht. Das stört mit Sicherheit alle Papas. Manche halten dagegen, andere ducken sich weg, wieder andere zucken mit den Schultern und verharren in einer den Ist-Status wahrenden Bewegungslosigkeit. Und nicht wenigen bereiten die hohen Erwartungen, die aktuell an Vaterschaft gekoppelt werden, folgenschwer Angst.

Was tun, wenn das Kind schwer krank wird, in der Schule versagt oder wenn die Beziehung zum eigenen Sohn, der eigenen Tochter schwierig wird? Angst vor der ungewissen Zukunft des Kindes, das ist einer der von Männern genannten Gründe für Kinderlosigkeit – wenn auch weniger verbreitet als das Fehlen einer Partnerin oder die Scheu vor hohen Kosten, die mit einem Kind verbunden sind. Das belegen etwa die Ergebnisse der Studie »Facetten der Vaterschaft«, die das Bundesministerium für Familie, Senioren, Frauen und Jugend 2006 herausgegeben hat.

Vatermörder

——— Es ist selbstverständlich, dass nicht jede Eltern-Kind-Beziehung paradiesisch verläuft. Dass es zwangsläufig zu einer Aussprache, zu einer Versöhnung, gar zu einem Happyend kommt, wenn eine Familie zerrüttet ist, das ist der Stoff vieler rührseliger Geschichten, aber nicht unbedingt aus dem echten Leben gegriffen. Das Verhältnis zwischen Altkanzler Kohl und seinem Sohn Walter kann zweifellos als zerrüttet gesehen werden, und trotz vieler

Anläufe ist die klärende Aussprache wohl nie zustande gekommen. In seinem Buch *Leben oder gelebt werden* beschreibt Walter Kohl, wie ihm dennoch eine Art Versöhnung gelungen ist:

»Mein Vater hielt mir oft vor, ich verstünde nicht, welche Vorteile ich aufgrund meiner Herkunft hätte. Ich aber wollte gar keine Vorteile – ich wollte einfach nur so sein dürfen wie andere Gleichaltrige. Er gab zu bedenken, dass ich alles von der negativen Seite her sähe und ihm gegenüber ungerecht sei. Meine Entgegnung war immer die gleiche, ob in zaghaften Andeutungen oder als zorniger Vorwurf: Ein Vater habe als Vater beurteilt zu werden und nicht als Bundeskanzler. Erst seit ich aufgehört habe, die Verantwortung für unsere Probleme miteinander einseitig meinem Vater anzulasten, fühle ich mich freier. Ich muss einfach akzeptieren, dass mein Vater sich von mir genauso ungerecht behandelt fühlte – und wahrscheinlich noch fühlt.«

Walter Kohl klagt nicht an, sondern erklärt, dass er irgendwann verstanden hat, dass die schwierige Beziehung zu seinem Vater auch einem unterschiedlichen Verständnis von Wertschätzung entspringt. Seiner Meinung nach glaubte Altkanzler Kohl, er habe nach besten Kräften nicht nur für sein Land, sondern auch für seine Familie gesorgt. Das aber hat zumindest einer der beiden Kohl-Söhne nicht so empfunden.

Dass nicht nur die Popularität des Vaters, sondern auch die Popularität des Sohnes zu Problemen in der Eltern-Kind-Beziehung führen kann, zeigt etwa ein Dokumentarfilm über die Doors, *When you're strange*, der sich insbesondere dem 1971 verstorbenen Sänger Jim Morrison widmet.

Morrison fühlte sich nicht verstanden von seinem Vater, einem Marineadmiral, der auch für Militäreinsätze im Vietnamkrieg verantwortlich zeichnete. In einem Brief forderte Papa Morrison seinen Sohn nach der Veröffentlichung des ersten, sehr erfolgreichen Doors-Albums auf, das Musikmachen sein zu lassen, da er kein Talent in ihm sähe. Jim Morrison brach den Kontakt zu seinem Vater ab und behauptete eine Zeitlang, seine Eltern und seine Geschwister wären tot.

Wenn Generationen aufeinandertreffen, die wie im Falle der Morrisons vollkommen gegensätzliche Wertvorstellungen haben, belastet das die Vater-Kind-Beziehung. Der Sohn des Vorzeige-Marineadmirals ist ein langhaariger Musiker mit weltweitem Erfolg, der für Freiheit, Drogen und Sex sein Leben gibt! Das ist zweifellos einer jener Vatermorde, die, wie Sigmund Freud schreibt, eine Kulturrevolution prägen – selbst dann, wenn der Sohn keine echte Pistole auf den Vater richtet, sondern sich selbst zugrunde richtet mit einem bedingungslos hedonistischen Lebensstil.

Daneben zeigt diese Geschichte, dass Vaterschaft tatsächlich auch dann nicht endet, wenn der Vater sein Kind überlebt: Admiral Morrison hat noch Jahre nach dem Tod seines Sohnes immer wieder und auch in der Öffentlichkeit nach Erklärungen gesucht für die Distanz zwischen ihm und dem Doors-Frontmann. Und er hat dabei stets betont, er wäre stolz auf seinen Jim. Mit Sicherheit hat das eine Menge Mut verlangt, dieses Springen über den eigenen Schatten, gepaart mit dem Eingeständnis des eigenen Nicht-Verstehens, gar Versagens.

Vaterschaft kann also durchaus Probleme mit sich bringen, das zeigen diese Geschichten. Sie zeigen aber ebenso, dass sich Vaterschaft seit einiger Zeit im Wandel befindet: Heute gibt es gitarrespielende Hippie-Väter ebenso wie solche mit militärischem Kurzhaarschnitt. In Familien ist der strenge Patriarch zu finden und auch der liberale Papa, der gerne der »beste Freund seiner Kinder« sein möchte.

Unsere Welt verändert sich also – allen oben angesprochenen »feigen Frauen« und mutlosen Männern zum Trotz. Wer oder was diesen Wandel eingeläutet hat, lässt sich schwer festlegen. Sicher ist, dass die Generationen nach dem Zweiten Weltkrieg zu Recht eine Kurskorrektur gefordert und damit den Stein ins Rollen gebracht haben. Dazu kamen neue Lebensumstände, neue Erkenntnisse aus den Wissenschaften. Unbestritten ist auch der Einfluss des Kapitalismus als wichtiger Motor der gesellschaftlichen Veränderungen. Diese Verknüpfung von Wirtschaftswachstum und Familienleitbildern ist etwa erkennbar an dem 2013 gesetzlich verankerten Rechtsanspruch auf einen Betreuungsplatz für Kinder ab dem vollendeten ersten Lebensjahr, der nicht nur eine verständnisvolle Antwort auf die Bedürfnisse der Familie, sondern hauptsächlich eine Reaktion auf den Fachkräftemangel in Deutschland ist. Erst wenn Mütter keine Kinder mehr betreuen müssen, können sie ihre Fachkompetenzen in der Berufswelt einbringen.

Dass einige bei diesem Wandel in Schwierigkeiten geraten, zeigt ein Anfang 2014 veröffentlichtes *ZEIT*-Dossier über das heutige Lebensgefühl von Männern, treffend betitelt mit »Das geschwächte Geschlecht«. Darin schreiben die Autorinnen, dass Männer mit eher niedrigem Bildungsstand, die früher in der Armee, der Fabrik oder der Kirche Unterschlupf gefunden hätten, heute kein derartiges »gesellschaftliches Korsett« mehr finden können. Dass

Frauen eher selten einen bildungsschwächeren Mann zum Partner wählen. Und dass Jungen eben häufig ohne Vater aufwachsen und darunter leiden.

Am Beispiel der Hauptfiguren aus erfolgreichen US-amerikanischen Fernsehserien von *Die Sopranos* bis *Homeland* wird das Dilemma dann noch einmal belegt: allesamt Männer, die »am bestehenden Konzept von Richtig und Falsch zugrunde gehen«, so die Autorinnen der Wochenzeitschrift.

Lauter Problembären

—————— Der Reiz von *Die Sopranos* & Co. liegt gerade darin, dass das Vaterkonzept der Hauptfiguren brüchig ist: Der Mafiaboss Tony Soprano beteuert immer wieder, dass er alles nur für seine Familie tut. All das Geld, das er über illegale Geschäfte, Mord und andere Verbrechen verdient, soll seinen Kindern zugutekommen.

Seinem Sohn versucht er ein guter Vater, ein Vorbild zu sein. Einmal nimmt er ihn mit auf eine Bootsfahrt, bringt ihm dabei aber nur bei, sich wie ein Rowdy zu verhalten, indem er rücksichtslos Vollgas gibt und andere zum Kentern bringt. Gerade die patriarchalen Strukturen, die den Mafia-Organisationen zugrunde liegen, werden in dieser Serie aufgeweicht, vor allem dadurch, dass Tony Soprano unter seiner zänkischen Mutter leidet und entgegen allen Werten eines Verbrechers Hilfe bei einer Psychotherapeutin sucht. Dieser letzte Punkt ist meines Erachtens das große Potential dieser Serie, positiv auf ein neues Vaterbild einzuwirken – nach dem Motto: Such dir Hilfe, wenn du nicht mehr weiterweißt!

Anders ist es bei Nicholas Brody aus der Serie *Homeland*. Seine Kinder sind eigentlich nur Bestandteile eines
Lebens, mit dem er abgeschlossen hat, als er in Gefangen-
schaft eines islamistischen Anführers war. Die Bindung zu
ihnen, die aus einer anderen Zeit stammt, irritiert den Sol-
daten Brody bei seinen terroristischen Handlungen, die er
einerseits im Auftrag der islamistischen Organisation, andererseits im Namen der CIA durchführt.

Seine Vaterschaft ist ein Symbol für das letzte bisschen
Menschlichkeit in ihm, das durch Haft, Folter und Ge-
hirnwäsche nicht ausgelöscht werden konnte; sie erscheint
wie eine Erinnerung an eine längst vergangene Zeit. Diese
Erinnerung kann Kraft spenden, vermag das Hier und
Jetzt aber nicht zu verändern.

Diese beiden US-amerikanischen Fernsehgeschichten,
die auch in Deutschland begeistert geschaut wurden, zeigen auch, wie sehr sich die Konzepte von Vaterschaft verändert haben. Für die Neuausrichtung und Neubewertung
des Vaterbilds, welche die gesamte Gesellschaft angeht,
braucht es aber nicht nur charismatische Helden, sondern
eben auch Mut, der sich am Ende für alle auszahlt.

In einem Punkt sind übrigens alle Väter gleich – auf sie
alle trifft zu: Vaterschaft währt lebenslang. Sie endet nicht
mit dem Erreichen der Volljährigkeit, auch nicht mit dem
Auszug aus dem Elternhaus, dem Verschwinden oder dem
Tod des Kindes. Lebenslänglich ist die Beziehung für beide
Seiten: Selbst Kinder, die ohne Vater aufwachsen, erschaffen ein inneres Vaterbild aus Realität, Phantasie, familiärer
und kultureller Tradition, das sie beeinflusst.

——————— Es ist möglich, jemanden zu vermissen, den man nie kennengelernt hat, »ein Bedürfnis, einen Teil von sich zu finden, etwas vollständig zu machen, sich zu Hause zu fühlen, anzukommen. Es liegt so viel darin, einen Vater zu haben.«

Diese Sätze stammen von einer Frau, die bis ins Erwachsenenalter nie von ihrer Mutter erfahren hat, wer ihr leiblicher Vater ist. In einem Artikel im *Süddeutsche Zeitung Magazin* wird ihre Geschichte erzählt. Es gab einen Stiefvater im Leben dieser Frau, der aber nur für ein paar Jahre präsent war. Irgendwann dann kommt es zu einem großen Streit mit ihrer Mutter über die Geheimhaltung der Identität des Vaters, die für die Frau unerträglich geworden war.

»Es war wie ein Familiengeheimnis, das man sich nicht zu berühren traut. Auch meine Großmutter und mein Großvater haben alles totgeschwiegen.«

Nach dem Streit herrscht für eine gewisse Zeit Funkstille. Dann aber hilft die Mutter ihrer inzwischen 48-jährigen Tochter, den verlorenen Vater wiederzufinden. Und sie erzählt auch endlich von ihm. Die Mutter hat ihn mit 17 während eines Aufenthalts in der französischsprachigen Schweiz kennengelernt und sich in ihn verliebt. Über ihre Schwangerschaft ist er informiert worden, allerdings nicht von der Mutter, sondern von einem Zürcher Beamten des Familiengerichts, der ihm zugeraunt hat, es gebe fünf mögliche Väter. Die Tochter wird unehelich geboren, 1962 in Zürich.

48 Jahre später wird der Mann zum Vater einer Tochter. Und trotz der anfänglichen Sprachbarriere zwischen Papa

und Kind – sie spricht nur wenig Französisch, er kaum Deutsch – entsteht bald eine innige Beziehung.

»Je besser ich ihn kennenlerne, desto mehr finde ich Anteile von mir, das Liebevolle, das Warme, das Herzliche, das Offene. Das ist alles auch in mir, aber es hat nie einen Widerhall in meiner Familie gefunden«, sagt sie. »Es fehlen uns fast fünfzig Jahre. Das ist speziell«, sagt er. Dieser Vater hat seine Tochter nie auf dem Arm gehabt, nie mit ihr Hausaufgaben gemacht und keine pubertären Streitigkeiten mit ihr durchgestanden. Und doch nimmt er die erwachsene Frau mit offenen Armen als sein Kind an. Vielleicht macht die Konfliktlosigkeit in der gemeinsamen Biografie einen Teil der Qualität ihrer Beziehung aus, vielleicht ist es auch eher die Dankbarkeit, einander endlich gefunden zu haben.

Man kann an dieser Geschichte sehen, wie viel gut laufen kann in einer Beziehung, die über Jahrzehnte eigentlich nur in den Köpfen von Vater und Kind existiert hat. Eine solche Beziehung nur in der Vorstellung zu führen, ohne echten Kontakt mit dem Menschen zu haben, kommt aber nicht selten vor.

Für ein glücklicheres Leben

———— 2013 wurde eine Forsa-Studie im Auftrag der Zeitschrift *Eltern* durchgeführt, die »Meinungen und Einstellungen der Väter in Deutschland« dokumentiert. Über 1 000 Väter und Stiefväter wurden befragt, die im selben Haushalt mit ihren Kindern leben. 58 Prozent der befragten Männer geben an, dass ihr Leben durch die Geburt ihrer Kinder »glücklicher und erfüllter« geworden sei. Immerhin mehr als die Hälfte.

Ein »glücklicheres und erfüllteres« Leben – das meint einer meiner Nachbarn, wenn er auf die Geburtsanzeige seines ersten Kindes schreibt: »Ich bin jetzt auch nachts erreichbar – und darüber überglücklich.« Oder ein anderer Vater aus der Nachbarschaft, der seine Wochenenden klar nach den Handballturnieren, Hockeyspielen und Geburtstagseinladungen seiner Kinder strukturiert; ein »hockey dad« sozusagen, der mit keinem Wort das Fehlen seiner eigenen Freizeit beklagt und sich neun Jahre am Stück im Elternbeirat der Kinderkrippe engagiert hat. Und der Mann, der mit seinem Kind an der Hand durch den Zug geht und nicht genervt reagiert, sondern Geduld hat und es zulässt, dass das Kind stehen bleibt, zurückgeht oder doch wieder in die andere Richtung möchte. Oder der Vater eines Freundes, der bei dessen Hochzeit eine Rede hält, die peinlich und rührend zugleich ist – all diese Männer haben dieses »glücklichere und erfülltere« Leben erfahren, das sich hinter den Statistiken verbirgt. Sie haben ihre Vaterchance ergriffen.

Es ist fast unmöglich, Glück in Zahlen zu messen, ist das Glück des einen doch häufig das, was ein anderer als Zumutung empfindet. Dennoch gibt es heute Männer, die sich als glückliche, engagierte Väter bezeichnen – und das noch vor ihrer beruflichen Selbstbeschreibung. Auch deswegen mag der Journalist Thomas Gesterkamp nichts mehr von der Verhaltensstarre nach Ulrich Beck hören. Er findet, dass es heute längst Väter gibt, die die alten Rollenbilder in Frage stellen und neue Wege gehen. Darin gebe ich ihm recht. Um die Verhaltensstarre endlich ins Museum zu stellen, in die Vitrine neben den »autoritären Vater«, muss aber noch einiges passieren.

Wenn ich fordere »Lasst Väter Vater sein«, wende ich

mich damit an unsere gesamte Gesellschaft heute und in Zukunft. So wünsche ich mir neben dem Mut der Männer auch, dass die künftigen Mütter in ihren Vorstellungen von Familie die künftigen Väter ihrer Kinder als gleichwertige Partner anerkennen.

Theoretisch ist das nicht so schwierig. Doch in der Praxis, wenn Frauen Mütter werden, schon. Nicht wenige wollen das Windelnwechseln und nachts Aufstehen, weil das Kind weint, mit ihren Partnern teilen. Dass sie es trotzdem nicht tun und Argumente wie »Ich kann die Kleine halt besser trösten« bis »Ich muss ja am Morgen nicht zur Arbeit« anführen, hilft weder ihnen noch den Vätern.

Wenn Mutterschaft zur übermächtigen Säule von Weiblichkeit wird, dann riecht es nach Ärger in der Paarbeziehung. Ärger kommt aber auch auf, wenn Vaterschaft aufgrund eines falschen männlichen Selbstverständnisses nicht möglich scheint. Das kennt auch der Familienberater Reinhard Winter:

»Wenn die Geschlechter sich über Kinderbetreuung annähern, kann das Probleme geben. Bin ich überhaupt noch männlich, wenn ich wickle, kuschele, sanfte Lieder singe? Das halten natürlich diejenigen besser aus, die stabiler in sich sind.«

Diese Stabilität, dieses In-sich-Sein hat mit der Geschlechterkonstruktion zu tun, eben der Frage »Was bedeutet es, ein Mann, eine Frau zu sein?« und ihren vielen möglichen Antworten. Und auch hier ist Mut gefragt, einfach mal zu handeln, Verantwortung zu übernehmen, Engagement zu zeigen. Der Therapeut Jesper Juul schreibt in seinem Buch *Mann & Vater sein*:

»Verglichen mit der Mutter deines Kindes bist du als Vater ein Amateur. Der einzige Weg, diesen Unterschied auszugleichen, ist, mit deiner Frau übereinzukommen, dass sie dich mit eurem Kind allein lässt.«

Allein sein mit dem Kind, das erinnert an Filmkomödien wie *Noch drei Männer und ein Baby*: Nachdem Tom Selleck und seine Junggesellen-Kumpels ein Baby vor ihrer WG-Tür gefunden haben, durchstehen sie eine Betreuungskatastrophe nach der anderen, vom üblichen Schlafentzug durch Kindergeschrei bis hin zu geschmuggelten Drogen im Windeleimer. Und am Schluss taucht dann da eine Mutter auf, die der Meinung ist, dass ihr Kind bei seinen drei neuen Papas besser aufgehoben ist als bei ihr.

Viel Klamauk – und doch steckt mehr als ein Körnchen Wahrheit in diesem Film. Nicht wenige glauben, dass ein Mann ziemlich überfordert ist, wenn er die Oberaufsicht über sein Kind hat. Aber natürlich muss ein Vater auch allein sein können mit seinem Kind. Er muss das aber auch wollen – und zwar als Vater.

Mutter ehrenhalber?

———— Im Vorwort seines Buches *Allein unter Müttern* bezeichnet Tillmann Bendikowski seine Entscheidung, sich um die Kinder zu kümmern, während seine Frau arbeiten geht, als die »Mutter-Werdung eines Vaters«.

»So mache ich – fast – alles, was eine Mutter heute so tut: Ich war Teil des Kosmos Kinderspielplatz, zwischenzeitlich auch Ansprechpartner in der Krippe und im Kindergarten, ich nahm an einem Baby-Massage-Kurs teil, ich war beim nachmittäglichen Kräutertee-Trinken bei anderen Müttern mit von der Partie und fand mich selbstverständlich mitten in den wirklich wichtigen Debatten darüber wieder, mit welchem Kind aus dem Kindergarten welches Kind am Nachmittag spielen darf und was wir Mütter der Erzieherin denn diesmal zum Geburtstag schenken sollten.«

Das ist zwar wirklich sehr unterhaltsam formuliert, wirkt aber inhaltlich dennoch tief traurig. Warum kann Tillmann Bendikowski all das nicht als Vater erleben, sondern muss zur »Mutter ehrenhalber« werden?

Ähnlich ist es auch bei Jochen König, Vater von Fritzi, der von seiner Tochter »Mama« genannt wird und ein Buch über seine Angst geschrieben hat, als Vater keine gute Mutter zu sein. Er beschreibt auch, wie er in der Beziehung zu Fritzis Mutter die Rollen tauscht – und dann unter stereotypen Mutter-Verhaltensweisen leidet. Etwa wenn er nach einem besonders innigen Wochenende mit seiner Tochter nicht so einfach wieder auf »normal« schalten möchte.

»Es fällt mir von diesem Zeitpunkt an manchmal auch schwerer, in unseren Diskussionen um die Aufteilung der Woche von Fritzis Mutter zu verlangen, dass sie Fritzi zu sich nimmt. Ich erwische mich immer mal wieder dabei, bewusst zurückzustecken und Fritzi lieber alleine zu mir zu nehmen, als mit Fritzis Mutter darüber zu diskutieren, dass ich gerne einen bestimmten Tag oder Abend zusätzlich frei hätte. Und ärgere mich dabei über mich selbst.«

Warum kann ein Vater nicht Vater sein, wenn er sich um seine Kinder kümmert, warum muss er das in der Gestalt einer Mutter tun? Warum kann er sein Kind nicht vermissen, die Zeit mit ihm wichtiger erachten als seine Zeit im Beruf, ohne sofort zu wittern, er würde dadurch mütterliche Gefühle haben?

Es ist eine Sache, mit dem Gerede von Nachbarn und

Verwandten umzugehen. Eine ganz andere Angelegenheit ist es, die eigenen inneren Hürden zu überwinden und sich dafür zu entscheiden, Vater zu sein. Dafür gibt es naturgemäß unterschiedliche Wege.

Mir erklärt etwa Alexander Stelter, dass er auch und gerade wegen seiner drei Töchter die alte Konstruktion »Papa, Mama, Kinder« verlassen hat, um außerhalb mehr er selbst und damit ein besserer Vater sein zu können. Was so gut wie niemand versteht, wie er sagt. Weil sofort eine Bewertung, nein, Verurteilung des Mannes erfolgt, der eine Frau mit drei Kindern, das jüngste ein Jahr alt, »sitzenließ«.

Stelter hält sich für einen guten Vater, was er an vier selbstgewählten Kategorien festmacht: an der Liebe zu den Kindern, an der räumliche Nähe und der vertrauten Verbundenheit, an seinem Antrieb, für sie ein Vorbild zu sein, und schließlich am respektvollen Umgang mit ihnen.

Lauter Opfer?

———— Ein guter Vater sein und das auch dürfen – dafür stehen viele Menschen ein: Unterschiedliche Protagonisten verfolgen in der deutschen Väter-Bewegung unterschiedliche Ziele. So gibt es eine Vereinigung von deutschen Männerrechtlern, darunter auch Väter mit traumatischen Erfahrungen durch Trennungen von Frau und Kindern, die ihren Schmerz in der Gemeinschaft mit Leidensgenossen verarbeiten.

Kernthese dieser Aktivisten ist, wie auch in der Frauenbewegung, dass die Ungleichbehandlung von Männern und Frauen beendet werden muss. An dieser Stelle enden dann die Gemeinsamkeiten, da der Output dieser Väterbewegung zumeist wenig konstruktiv, sondern eher paranoid ist: Männer fühlen sich verfolgt, ausgegrenzt, schlecht behandelt – und das nicht nur durch ein bisschen Verhaltensstarre-Kichern. Hier werden klare Feindbilder – Feindinnenbilder – gezeichnet: Frauen, Feministinnen und all diejenigen, die die Situation von Frauen stärken wollen. Sie werden angeklagt, weil sie dadurch die Situation von Männern beziehungsweise Vätern noch mehr schwächen würden.

Die zentralen Denkfiguren der Männerrechtler sind bedauerlicherweise häufig Zerrbilder; Behauptungen, welche die Realität auf den Kopf stellen. So muss man immer sehr genau nachlesen, wer sich da für Väter starkmacht und welche Beweggründe hinter dem Engagement stecken.

Der Soziologe Gerhard Amendt etwa vertritt die Meinung, dass Männer aus persönlichen Motiven Väter werden wollen, anders als Frauen, die quasi »bauseitig« eine biologisch-anatomische Anlage besitzen, Kinder kriegen zu wollen. Das klingt nach Biologismus und riecht nach Antifeminismus und trägt am Ende nichts bei zur Neubildung eines lebbaren Vaterbildes: Kinder nur zur Selbstverwirklichung, gar aus einem nicht sonderlich sympathischen Egoismus heraus haben zu wollen, das erscheint infantil und wenig vorbildhaft. Die Skepsis ist berechtigt: Amendt hat sich 2011 dafür starkgemacht, dass Frauenhäuser, ein angeblicher »Hort des Männerhasses«, abgeschafft werden sollen.

Ähnlich problematisch ist auch das Engagement der Stuttgarter Organisation MANNdat, die sich neben anderen Themen für die Rechte von Trennungsvätern einsetzt, denen, so die Meinung der Aktivisten, systematisch ihre

Kinder entzogen werden. Hier bezieht sich MANNdat auf das Grundgesetz, denn in Art. 6, Abs. 4 wird die Mutter unter Schutz und Fürsorge der Gemeinschaft gestellt. Der Vater wird an dieser Stelle nicht erwähnt, was der Diskriminierung von Vätern Tür und Tor öffnen würde.

MANNdat bezeichnet sich selbst als »geschlechterpolitische Initiative«, hat aber eine subjektive Wahrnehmung, die durchaus frauenfeindlich daherkommt: Frauen, Mütter und insbesondere Feministinnen seien schuld an Männer-Krise und Väter-Pleite, weil sie mit ihren Gleichberechtigungsforderungen alles kaputt gemacht hätten, was früher einmal ein gutes Leben gewesen sei.

Anklage abgewiesen

——— Diese Vorwürfe sind nicht haltbar, weil sie zu einfach, zu plakativ und noch dazu populistisch sind. Die Spiegelung der Ursachen von Frauendiskriminierung aufgrund von patriarchalen Strukturen ist ein mieser Trick, mit dem diese Aktivisten schnell auffliegen.

Männer werden hierzulande keineswegs per definitionem aufgrund ihres Geschlechts diskriminiert, auch wenn die Position eines Trennungsvaters in der Tat oft eine schwierigere ist als die einer Trennungsmutter, und auch wenn die Sache mit der Verhaltensstarre immer noch als Vorlage für Witze über Männer taugt. Diese Ungleichbehandlung hat aber mehr mit gesamtgesellschaftlich gewachsenen Strukturen und Vorstellungen zu tun als mit Alice Schwarzer.

Hinzu kommt, dass die Ausbildung einer Geschlechter-Identität basierend auf einem Dasein als armem Opfer wenig lebensbejahend ist. Das ist nicht zuletzt aus der feministischen Debatte bekannt, in der es auch Tendenzen gab und gibt, Frauen hauptsächlich als Opfer des Patriarchats zu sehen. Dass Männer nun gerne Opfer von Frauen sein wollen, um so zu verstehen, wer sie wirklich sind, erscheint mir unrealistisch.

Und schließlich: Wäre ein solches Opfer tatsächlich unverzichtbar für ein Kind? Hilft so jemand wirklich dem Kindeswohl? Ich fürchte, dass solche Strömungen in der Männerbewegung mehr Schaden anrichten als Gutes tun.

In der deutschen Väterbewegung gibt es neben den erwähnten problematischen Aktivisten aber auch Organisationen und Einzelkämpfer, die viel Gutes tun und Mut beweisen: Der Sozialwissenschaftler Hans-Georg Nelles etwa, der online in seinem *VÄTER Blog* über Urteile in Sorgerechtsfällen, Studien zu den aktuellen Bedürfnissen von Eltern, aber auch sehr kritisch über das Vaterbild in der Werbung und die pauschalen Vorurteile gegen »Macho-Papas« mit türkischer Herkunftsgeschichte berichtet. Nelles zeigt an vielen Stellen die Ungleichbehandlung von Vätern und Müttern auf, bleibt dabei aber immer objektiv und führt keinen Kampf gegen Windmühlen.

Herausstellen möchte ich auch die Interkulturelle Väterarbeit in NRW, eine Organisation, die ich in Köln kennengelernt habe. Nordrhein-Westfalen ist das erste Bundesland, das sich speziell an Väter mit Migrationshintergrund wendet, wobei bei den angebotenen Workshops und Vorträgen betont wird, dass es »den Vater mit Migrationshintergrund« nicht gibt. In regelmäßigen freiwilligen Treffen wird etwa über die Rolle von Vätern in der Familie gesprochen. Dabei kann die Sprache eine Barriere sein, muss sie aber nicht.

Ein Mitarbeiter der Landeskoordinierungsstelle erzählte mir aus seiner Praxis: Ein türkischstämmiger Vater
besuchte die Väter-Treffen regelmäßig über drei Jahre,
meldete sich aber nie zu Wort. Irgendwann dann fragte der
Mitarbeiter nach, warum der Vater denn käme, aber nie
etwas sagen würde. »Ich höre zu und lerne«, sagte der Vater, »und es ist ein gutes Gefühl zu wissen, dass ich etwas
sagen könnte.«

Die Mutter Männer

Sucht und werdet Vorbilder!

———— »Ich wäre fast mal Spitzenvater des Jahres geworden«, erzählt mir der Vater einer Schulkameradin meines Sohnes. Die Großbäckerei Mestemacher aus Gütersloh lobt seit 2006 diesen Titel aus, jährlich werden zwei Familienväter mit je 5 000 Euro ausgezeichnet. Ausgezeichnet wird, wer diesen Anforderungen genügt:

»Der Spitzenvater des Jahres verständigt sich mit der Mutter und findet mit ihr gemeinsam eine Lösung, wie beide Beruf und Familie unter einen Hut bringen können.«

So steht es auf der Website der Bäckerei. Die auch die Zweiversorgerehe unterstützt und überhaupt die Wichtigkeit der Rolle des Vaters ins gesamtgesellschaftliche Bewusstsein rufen möchte. Es geht um ein neues Vaterbild und auch darum, dass Papa unverzichtbar ist:

»Das Projekt bricht mit der traditionellen Vorstellung, dass für die ersten Monate und Lebensjahre allein die Mutter zuständig ist. Betont wird vielmehr die Notwendigkeit einer intensiven Beziehung zwischen Vätern und ihren Kindern von Anfang an.«

Den Preis hat die Wirtschaftsprofessorin und Frauenrechtlerin – so bezeichnet sie sich selbst – Prof. Dr. Ulrike Detmers ins Leben gerufen. Offensichtlich hat sie erkannt, dass der Vereinbarkeits-Wahnsinn von Frauen nur dann geheilt werden kann, wenn sich gleichzeitig auch Männer zur Vereinbarkeit bekennen. Denn der damit verbundene Stress lässt sich auf zwei Paar Schultern verteilt eben doch besser tragen als alleine.

Dass ein als Spitzenvater ausgezeichneter Vater durchaus als Vorbild funktioniert, versteht sich. Auch dann, wenn er es nur fast geworden wäre wie der Papa der Schulkameradin meines Sohnes. Er wurde dem Preiskomitee von der Vorgesetzten seiner Frau vorgeschlagen. Die Jury hat sich dann aber für einen anderen entschieden. Was ihn nicht weiter gestört hat, im Gegenteil hat er sich eher darüber gefreut, dass es noch mehr Väter gibt, bei denen das »Wohl der Kinder«, wie er sagt, höchste Priorität hat.

Wohl der Kinder – das klingt dann gleich noch sympathischer und riecht nicht nach dem Bestreben der Bundesregierung, mit der »Stillen Reserve« – bestehend aus qualifizierten Hausfrauen – den Kampf gegen den Fachkräftemangel in Deutschland zu gewinnen. Nachdem wir unsere Kinder am Schultor verabschiedet haben, erzählt er mir seine Geschichte:

»Meine Frau und ich, wir wollten beide die 50:50-Aufteilung. In der Realität haben sich die Dinge ein wenig verschoben, da meine Frau die vier Tage immer gearbeitet hat und ich der Springer im Krankheitsfall, für Arztbesuche und so weiter war, weil ich berufliche Aufgaben schieben konnte. Das versuche ich jetzt wieder aufzuholen. Heute verdient sie mehr als ich, und ich habe das typische Mutterunwohlsein, wenn ich sehe, dass mich viele Kollegen, die sich immer zu 100 Prozent auf den Job konzentrieren konnten, auf der berühmten Überholspur tatsächlich überholt haben.«

Rechts überholen

———————— Einer dieser Überholer, erinnert er sich dann, wies auch immer wieder darauf hin, wie leicht doch so ein Leben sei, sich mit vielen hübschen Müttern am Spielplatz zu treffen und zu plaudern, während andere arbeiten: »Dieser Freund war dann ziemlich schnell kein Freund mehr von mir.«

Spitzenväter werden nicht nur in der Brot-Branche, sondern auch in Hessen gern gesehen. Hier wurde vor drei Jahren eine Alternative zum Vatertag geschaffen. Der fällt in Deutschland ja auf den Feiertag Christi Himmelfahrt und wird häufig von Männern zelebriert, die Wanderungen machen und dabei Bierkisten in einem Leiterwagen hinter sich her ziehen. Statistisch gesehen gibt es an diesem Tag deshalb auch rund dreimal mehr alkoholbedingte Unfälle.

Zu wenig Ehrentag, findet die Hessenstiftung und feiert deshalb den »Hessischen Vätertag«. Kinderwagen statt Bollerwagen – die Bedeutung von aktiver und moderner Vaterschaft soll bewusst gemacht und gewürdigt werden, so die Grundsätze. Diesen Tag mag auch der Journalist Thomas Gesterkamp:

»Initiativen wie der Hessische Vätertag sind wichtig, damit Vatersein und Väterlichkeit im öffentlichen Raum präsent sind. Der Muttertag beruht auf dem schlechten Gewissen der Männer (und der Gesellschaft) gegenüber den Frauen, die Kinder großziehen. Ein gemeinsamer ›Elterntag‹ wäre eigentlich wünschenswert – doch solange die Leistungen der Väter so wenig sichtbar werden, brauchen wir einen eigenen Vätertag.«

Muttertag, Vatertag, Elterntag – ich wünsche mir eine

Gesellschaft, in der es nicht mehr nötig ist, auf das Engagement von Müttern, Vätern, Eltern in Form eines einzigen Ehrentags pro Jahr hinzuweisen. Weil es selbstverständlich ist und überall anerkannt, dass sie viel, viel leisten. Und weil solche Tage doch immer nur bestätigen, dass ein diffuses gesamtgesellschaftliches schlechtes Gewissen vorliegt hinsichtlich der Wertung dieses vielen Leistens: Lieber verdrängen wir das jeden Tag und schauen nur einmal im Jahr genauer hin, versteckt hinter Blumensträußen und beschützt durch das Moment der Ehrung.

All die Spitzenväter, die es natürlich gibt, sind leider weniger bekannt, als sie es sein sollten. Es ist nicht so einfach, Vorbilder zu finden, also Väter, die ihre Vaterschaft in einer Art und Weise verstehen und umsetzen, die Anerkennung erlangt – weil unterschiedliche Verhaltensweisen von unterschiedlichen Personen anerkannt werden.

Die strenge Hand eines autoritären Vaters entspricht nach wie vor den Wunschvorstellungen vieler. Ein Vater, der abends sanfte Lieder singt für seine Kinder und nachts aufsteht, wenn sie weinen, danach suchen andere. Und natürlich spielt der ökonomische Faktor, sozusagen das »Ernährer-Erbe«, nach wie vor eine Rolle: Eine Forsa-Umfrage im Namen der Zeitschrift *Eltern* von 2015 besagt, dass 42 Prozent der Väter meinen, als gutes Vorbild sollte man einen adäquaten Beruf ausüben.

Ein Daddy Makeover

───────── Um dennoch den Vater aus dem Schatten zu holen, also ein Vaterbild zu zeichnen, das stark und populär ist, müssen wir eben mit vielen Farben malen: nicht ein

Bild erschaffen, sondern viele. Verschiedene Vorbilder suchen und auch benennen. Alexander Stelter hat zum Beispiel in seinem Vater ein Vorbild gefunden, und zwar als Vater, Ehemann und Mann.

»Ich hatte das große Glück, dass ich seine Werte auch für mich für gut halte. Er war ein liberaler, offener, toleranter, bildungshungriger und auch emotionaler Mensch. Mit positiver Lebenseinstellung, leistungsorientiert aus Freude am Streben.«

Stelter bekam von seinem Vater bedingungslose Liebe: »Ich war gut, wie ich war.« Auch als Ehemann empfand er ihn vorbildlich, und zwar im Kontext der gegebenen Situation.

»Sein Rollenverständnis war natürlich nicht meines, er hat sich klar als Familienoberhaupt verstanden. Aber meine Mutter hatte und hat auch viel Angst vor einer Gleichberechtigung auf Augenhöhe.«

Er benennt seinen eigenen Vater als Vorbild – und hat an sich selbst den Anspruch, auch ein Vorbild zu sein. Für seine Kinder.

»Bin ich ein Vorbild? Ja, ganz bestimmt. Meine drei schauen sehr genau, wie ich bin, mich verhalte, wie ich beurteile, was ich mache, was ich mag. Nun hat meine Exfrau zum ersten Mal einen Mann mitgebracht, und sie vergleichen. Sie vergleichen auch deren Partnerschaft mit meiner neuen. Ich bin sicher, dass sie mich als Typ Mann und Partner in dieser vorgelebten Beziehung gut finden. Das gelingt mir gut – das Vorbild, wie ein Mann sein kann.«

Wer keine Vorbilder hat, muss sich selbst welche suchen – und dringend selbst zum Vorbild werden für die nachfolgenden Generationen. Das gilt für Männer ebenso wie für Frauen, und zwar unabhängig davon, ob sie Kinder haben oder nicht.

In einem Artikel für *Psychologie heute* schreibt Matthias Franz, Professor für Psychosomatische Medizin und Psychotherapie, über die Schwierigkeiten moderner Männer, alle von ihnen erwarteten Rollen gleichzeitig zu erfüllen – vom »vollempathischen Partner« über den »kooperativen, auch nach einem ganzen Arbeitstag noch emotional entspannten Vater« bis zum »kompetitiven, konfliktfähigen, beruflich erfolgreichen Mann«, dem »echten Kerl, der auch mal was durchstehen kann, und der weiß, was er, aber auch sie will«. Puh, was für ein Anforderungskatalog. Der dem von Frauen übrigens in fast nichts nachsteht hinsichtlich Umfang und Widersprüchlichkeit.

Franz nennt dann noch vier deutsche Vätergenerationen, die zusätzlich zum »männlichen Rollenkäfig« zu einer Entwertung des Vaters beigetragen haben: die »patriarchalisch-wilhelminische Vaterautorität«, die »nationalsozialistischen Vernichtungsväter«, der »tote Vater der Nachkriegszeit« und der »nach elterlicher Trennung abwesende Vater«.

Schrecklich, ja. Und um diese historisch gewachsene Last abzuwerfen, muss die nächste Vatergeneration anwesend sein, positiv gestimmt sein und in sich ruhen. Um endlich auch etwas auf dieses leidige »Leider gibt es für Väter keine Vorbilder« entgegnen zu können.

Der Schlüssel darin liegt, das bestätigt auch Matthias Franz, in jedem einzelnen Vater. Wenn »der Mann sich seiner Identität und seines Wertes sehr sicher ist«, so Franz. Und wenn er bereit ist, etwas zu investieren. Denn dass Vatersein einem Mann nicht in die Wiege gelegt wird, sondern gelernt und erarbeitet werden muss, das wird von den unterschiedlichsten Psychologen immer wieder bestätigt. Wie wird ein Vater denn nun ein guter Vater? Das frage ich Reinhard Winter.

»Das mit Bildern zu füllen, die für alle stimmig sind, ist immer schwer. Der Hauptjob ist eher: Suche deine eigene Position, suche, wie du das machst – wichtig ist, dass du eben etwas machst. Dazu gehört Kuscheln, aber auch für Grenzen sorgen, ›Nein‹ sagen, die Scheiße aufwischen, das Gekotzte wegmachen, in der Pubertät mit der Partnerin zusammen alle Streitigkeiten durchstehen, mit Präsenz und Liebe. Welcher Job einem Vater am besten liegt, das findet man nur raus, wenn man den Job auch wirklich antritt.«

Glücksgefühle

————— Vor einiger Zeit hieß es in der *taz*: »Das Glücksgefühl von Vaterschaft ist anerkannt.« Die Bundesverfassungsrichterin Gabriele Britz sprach von einer gesellschaftlichen Veränderung, weil Männer heute auch Kinder aus kurzfristigen Beziehungen anerkannt sehen wollen. Ja, sogar Samenspender würden neuerdings Vaterschaftsklagen einreichen – obwohl nicht wenige Männer nur deshalb zur Spende gehen, weil sie sich damit ein Taschengeld verdienen möchten.

Ich möchte noch einmal zu meinen Eingangsfragen zurückkommen: Was ist los mit dem deutschen Vater? Warum tritt er nicht aus dem Schatten der deutschen Mutter hervor? Meine Anworten lauten: Den deutschen Vater gibt es nicht. Doch es gibt viele Männer, die in Deutschland leben und ihre Vaterchance bereits ergriffen haben oder sie noch ergreifen werden und das auch möchten. Männer, die Vater sein wollen. Das ist gut – aber es müssen noch mehr werden. Denn Mama ist nicht genug, Papa ist unverzichtbar. Je mehr ein Kind von seinem Vater hat im Leben, desto besser. Für das Kind, seine Mutter – und nicht zuletzt auch für den Mann, der von seiner Vaterschaft am Ende nur profitieren kann.

»Vaterschaft ist nicht, sie entsteht: Man kann 1000 schlaue Ratgeber lesen, wenn man sein Kind dann im Arm hält und es schreit, nützen die alle nichts. Vater zu werden ist eine komplette Öffnung für eine ungewisse Zukunft.«

Das schreibt Robert Habeck, Schriftsteller und derzeit Minister für Energiewende, Landwirtschaft, Umwelt und Ländliche Räume sowie Vizeministerpräsident in Schleswig-Holstein. Habeck ist Vater von vier Kindern und hat 2008 mit seinem Buch *Verwirrte Väter* einen Weg in die Zukunft gezeigt, in der Väter aus dem Schatten treten, gleichwertig mit der Mutter für die Kinder da sind, aber eben nicht als schlechte Kopie.

Ihn habe ich gefragt: Wie sieht der Vater aus, in einer gleichberechtigten Welt, in der niemand wegen seines Geschlechts benachteiligt wird – eben auch keine Männer, die engagiert und intensiv Zeit mit ihren Kindern verbringen möchten? Habeck antwortet mir per Mail:

»In einer emanzipierten Gesellschaft werden Väter eher Jungs sein, die sich ihren Familien und Kindern nicht noch beweisen müssen, sondern Freunde sind. Und im besten Fall lieben sie ihre Partnerinnen oder Partner, als hätte man sich gerade das erste Mal geküsst.«

Ich möchte noch eine Belohnung in Aussicht stellen, die jeder Vater erhält: ein Stück Glück. Da gibt es diese besondere Beziehung zwischen Kind und Mutter, die beim Heranwachsen im Bauch beginnt und sich in der Stillzeit fortsetzt. Diese innige Verbindung hat auch mit der bedingungslosen Liebe zu tun, die die Mutter dem Kind entgegenbringt. Genau dieselbe bedingungslose Liebe erfährt das Kind aber auch vom Vater. Und daraus erwächst eine weitere besondere und innige Beziehung, die von lebenslanger Dauer ist, zwischen Vater und Kind. Eben ein Stück Glück.

— Ausblick —

NEUN FORDERUNGEN FÜR EINE BESSERE ZUKUNFT

»Wenn Viola mit sechs Kindern beim Bäcker ist und eins heult, weil es keinen Krapfen bekommt, dann heißt es: ›Die hat ihre Kinder nicht im Griff.‹ Wenn ich mit denselben sechs Kindern bei demselben Bäcker stehe und irgendeines der Kinder seine Butterbrezel an die Glasvitrine schmiert, weil ich gerade ein anderes davon abhalte, die Marmeladenauslage abzuräumen, dann heißt es: ›Wirklich toll, wie der sich bemüht. Endlich mal ein Vater, der sich engagiert, der sich einbringt.‹«

Georg Cadeggianini, Vater von inzwischen sieben Kindern, weist hier auf einen unfairen Grundsatz hin, der universal gültig ist: Bei einer Mutter gehört das Kind quasi zum Inventar. Beim Vater gilt es als Extraausstattung. Und wird deshalb bejubelt. Die grüne Bundestagsabgeordnete Franziska Brantner hat vor einiger Zeit in der *Welt* die Familienpolitik ihrer Partei und damit verbunden ebendiesen Grundsatz in Frage gestellt:

»Warum versuchen wir ständig, die Familien durch neue Maßnahmen und mehr Geld arbeitsmarktfähig zu machen, statt endlich zu fragen: Wie wollen wir arbeiten im 21. Jahrhundert, um auf die Bedürfnisse der Familien des 21. Jahrhunderts einzugehen?«

Franziska Brantner zeigt auf den entscheidenden Punkt: Wieso sollen Männer zu Hausfrauen werden, Väter zu Vollzeit-Müttern, wenn das doch genau die Rollen sind, die nicht nur von der Frauenbewegung zu Recht seit Jahren bekämpft werden? Schließlich ist das, »Hausfrau und Mutter«, kein wirklich attraktives Ziel für eine Wandlung aufseiten der Männer. Das hat schon Ulrich Beck in seiner Verhaltensstarre-Schrift vor rund 30 Jahren gewusst.

Viel besser ist es da, eine Zeitenwende einzuläuten.

Wenn wir ganz ehrgeizig sind, sollten wir uns eher heute als morgen kritisch mit der kapitalistischen Struktur unserer Welt auseinandersetzen. Also der Frage nachgehen, ob Wachstum nicht irgendwann zu einem natürlichen Ende kommen muss, wenn Schäden ökologischer oder sozialer Natur ausgeglichen werden sollen. Ich denke da an die Überlegungen zu Modellen wie etwa dem Bedingungslosen Grundeinkommen, das mit einem monatlichen Sockelbetrag pro Kopf daherkommt, der nicht an irgendeine Form der Erwerbstätigkeit gekoppelt ist. Auch wenn dieses Modell visionär ist und die Umsetzung davon noch weit entfernt liegt, spricht es meinem Hauptanliegen durchaus aus dem Herzen.

Wir brauchen eine Vision für eine Welt, in der Mütter und eben auch Väter ohne gesellschaftlichen oder finanziellen Druck genau das sein können: Eltern. Das können sie aber nur, wenn ihre Leistungen als Eltern, als Bezugspersonen, als Betreuungspersonal, anerkannt sind. Wenn die von ihnen dafür in Anspruch genommene Zeit und Kraft nicht an einer anderen Stelle als Fehlstunde eingetragen wird, nämlich in der Erwerbstätigkeit. Dass Kinder gesellschaftlich anerkannt als störende Momente gelten hinsichtlich unserer beruflichen und somit erwerbsorientierten Lebensausrichtung, das ist etwas unfassbar Schreckliches.

Im Folgenden möchte ich neun konkrete und systemimmanente Forderungen benennen, die einen Weg in eine nahe und bessere Zukunft aufzeigen. In eine Welt, in der Mutter und Vater gleichberechtigt für Kind oder Kinder sorgen.

— 1 —

MEHR ZEIT UND GELD FÜR PAPA UND MAMA

Ich bin fest davon überzeugt, dass wir Erwerbstätigkeit mit der ganzen Biografie eines Menschen verbinden müssen. Denn natürlich hat ein alleinstehender junger Mensch mehr Zeit und Energie für den Job als jemand mit einem kleinen Kind. Gesamtgesellschaftlich ist das Engagement von Eltern aber genauso bedeutend wie das von Kinderlosen – vielleicht sogar ein wenig mehr, denken wir etwa an den Generationenvertrag.

Eltern brauchen Zeit für ihre Erwerbstätigkeit und für die Kinderbetreuung. Sie sollten aber dennoch dasselbe Geld zur Verfügung haben wie gleich qualifizierte Kinderlose und nicht für ihre Elternschaft bestraft werden. Das kann über mehrere Wege gelingen.

Das Modell der 32-Stunden-Woche für Papa und Mama im Rahmen des ElterngeldPlus, das von Bundesministerin Manuela Schwesig aufgebracht wurde, geht schon mal in die richtige Richtung. Ich finde aber, es muss möglich sein, diese 32 Stunden auch unabhängig von den Elterngeld-

Leistungen zu ermöglichen, und zwar so lange, bis die betreuungsintensivste Zeit der Kinder vorüber ist: Das muss nicht mehr erfunden werden, das gibt es schon – die Lösung heißt Familienarbeitszeit.

Das Deutsche Institut für Wirtschaftsforschung in Berlin hat bereits eine Berechnung der Kosten vorgelegt. Es wird davon ausgegangen, dass beide Eltern ihre Arbeitszeit auf 80 Prozent reduzieren – was pro Kopf 32 Wochenstunden entspricht. Ein Teil des Lohndeltas soll vom Staat ersetzt werden, begrenzt auf drei Jahre. Eltern mit kleineren Einkommen sollen dabei prozentual stärker entschädigt werden als Eltern mit hohen Einkommen.

Die DIW-Forschungsgruppe geht von jährlichen Kosten in Höhe von maximal 140 Millionen Euro aus – nur! Zum Vergleich: Das Elterngeld kostet pro Jahr durchschnittlich 4,6 Milliarden Euro. Auch deshalb hat das Team des DIW eine dringende Empfehlung zur Umsetzung der Familienarbeitszeit an seine Ergebnisse gekoppelt. Interessant wird es dann, wenn die dreijährige Begrenzung überschritten oder verlängert werden möchte, etwa bei Mehrlingsgeburten, mehreren kurz aufeinander folgenden Geburten oder besonders betreuungsintensiven Kindern.

In jedem Fall glaube ich, dass die Familienarbeitszeit absolut zukunftsfähig ist. Stärkt ein solches Modell ja nicht nur die Erwerbsbiografien von Frauen – dass Altersarmut weiblich ist, ist hinlänglich bekannt –, sondern auch die Familienbiografien von Männern. Beides ist heute bitter nötig und wird auch gesamtgesellschaftlich verlangt.

In einem besseren Morgen kann das Modell der Familienarbeitszeit von Eltern mit kleinen Kindern kopiert werden für ein Modell der Familienarbeitszeit von Kindern mit pflegebedürftigen Eltern – hier besteht ebenfalls dringend Handlungsbedarf. Schließlich sind Eltern ja auch Kinder, was bei allen Debatten hinsichtlich Vereinbarkeit von Beruf und Familie gerne übersehen wird.

— 2 —

MEHR ENTSCHEIDUNGSFREIHEIT FÜR PAPA UND MAMA

Viele Eltern entscheiden, finanziell unterstützt durch das Elterngeld, die Betreuung ihres Kindes im ersten Lebensjahr nach der Geburt aufzuteilen. Das Elterngeld entspricht durchschnittlich rund 67 Prozent des Nettolohns von Mama oder Papa. Was durchaus Väter ermuntert, eine kurze Elternzeit zu nehmen. In der Regel aber – aufgrund der Einkommensunterschiede zwischen Männern und Frauen – die Mütter zum längeren Zuhausebleiben mit dem Baby drängt.

Dieser Unterschied muss ausbalanciert werden. Ich stelle mir nicht nur einen Bonus für Elternpaare vor, die die Elternzeit paritätisch verteilt in Anspruch nehmen. Sondern ich bin darüber hinaus davon überzeugt, dass wir eine andere Berechnung des Entgelts benötigen, und zwar eine gemeinschaftliche.

Denn dass der Familienernährer auch ein zweiköpfiges Team sein kann – oder muss – oder sogar eine Familienernährerin, das ist in unserer heutigen Zeit längst keine Seltenheit mehr.

Addiert man also die Gehälter von Mama und Papa und teilt sie durch zwei, um damit eine neue Grundlage für die Berechnung des Elterngeldes zu erhalten, wird die Entscheidung, wer wie viele Monate Elternzeit nimmt, zu einer freieren, weil einkommensunabhängigen. Dann kann Papa durchaus zuhause bleiben, ebenso gut und ebenso lang wie Mama. Denn dann ist der Lohnersatz über das Elterngeld bei einem Zuhausebleiben von Papa genauso hoch wie der von Mama.

Bei allen Anstrengungen, mit denen viele versuchen, eine gleichberechtigte Gesellschaft zu etablieren, in der niemand aufgrund seines Geschlechts benachteiligt oder in eine bestimmte Rolle gezwängt wird, liegt der Fokus oft auf der Stärkung der Frauen. Sie sollen nicht bloß als Mütter wahrgenommen werden, sondern freie Entscheidungen als Menschen treffen können. Diese Freiheit muss aber auch Männern zugestanden werden, die gerade hier immer noch in die Rolle des Familienernährers gedrängt werden. Was wiederum Frauen auf ihre Mutterschaft reduziert und somit gleich doppelt ungerecht ist.

— 3 —

MEHR AUTORITÄT FÜR PAPA

»Autorität« erinnert erst einmal an die autoritäre Erziehung früherer Zeiten, an Stockhiebe und Kinder, die in der Ecke stehen müssen, voller Angst vor dem gestrengen Herrn Papa. Das meine ich hier ebenso wenig wie die Wiederbelebung des damit verbundenen autoritären Vaterbilds vergangener Zeiten.

Ein Kreis italienischer Philosophinnen um den »Mailänder Frauenbuchladen« hat den Begriff vor geraumer Zeit neu definiert, und diese Neubelegung passt meines Erachtens hier sehr gut. Für die norditalienischen Denkerinnen bedeutet weibliche Autorität: Eine Frau ist auf das Urteil einer anderen Frau angewiesen, um sich selbst und die Welt besser zu verstehen. Dem folgend können wir die Autorität der Eltern auf zwei Elternteile auslegen, auf Mutter und Vater. Sie sind somit aufeinander angewiesen, um sich selbst und die Welt besser zu verstehen. Zuletzt belegt durch die Wissenschaften, die ja an vielen Stellen bestätigen, dass der Vater unverzichtbar ist bei der Entwicklung des Kindes. Daneben gestärkt durch das Bedürfnis vieler Frauen, nicht bloß Mutter zu sein, und den Wunsch vieler Männer, näher dran zu sein an ihren Kindern.

Es ist mir wichtig, deutlich herauszustellen, dass Frauen hier ein Team mit Männern bilden müssen, dass Mütter Vätern auch in der Elternbeziehung Bedeutung zugestehen. Und um das noch einmal zu betonen: Es geht mir keinesfalls um die Diskriminierung von gleichgeschlechtlichen Partnerschaften oder die Herabsetzung von Alleinerziehenden, sondern um eine Modellvorstellung für eine Familie bestehend aus Mutter, Vater, Kind bzw. Kindern.

Ohne Autorität, ohne Anerkennung, ohne Vertrauen von außen in ihre Fähigkeiten wird vielen Vätern der Weg verschlossen bleiben zu einer eigenen Vateridentität. Es wird ihnen wie heute schwerfallen, sich zu emanzipieren von den historisch gewachsenen Zwängen, die an vielen Stellen eine starke Beziehung zu ihren Kindern erschweren. Wie sollen sie so zum Vorbild werden?

Ohne Autorität werden sie um ihre Vaterchance gebracht – und das Traurige daran ist, dass viele Väter das nicht einmal bemerken. Weil sie so sehr daran gewöhnt sind, ab und zu einen kleinen Dienst am Kind zu versehen, statt aufs große Ganze zu schauen, und so Kinder aus alter Gewohnheit zur Frauensache machen und dort belassen.

MEHR ÜBERLEBENSCHANCEN FÜR ELTERNBEZIEHUNGEN NACH TRENNUNGEN

Nein, ich male hier kein »Big brother is watching you«-Szenario für Mamas und Papas, die in Scheidung leben. Es geht mir vielmehr um eine gesamtgesellschaftliche Anerkennung der schwierigen Situation, in der sich Eltern, deren Paarbeziehung nicht mehr funktioniert, befinden. Sie brauchen Unterstützung, und zwar gleich von mehreren Seiten. Einmal, um das Trauma der Trennung aufzuarbeiten – in den meisten Fällen geht eine Trennung mit Schmerz oder Zorn einher.

Hier können therapeutische Angebote von speziell geschulten Einrichtungen wie zum Beispiel pro familia, die SOS-Kinderdörfer oder andere, gern auch kirchenunabhängige Organisationen helfen, wenn sie niederschwellig, kostengünstig, ohne lange Wartezeiten und gesamtgesellschaftlich anerkannt sind.

Daneben geht es um praktische Unterstützung. Darum, Wege zu finden, wie die getrennten Partner in einer funktionierenden Partnerschaft für Kind oder Kinder bestehen können.

Wer wohnt wo, wer besucht wen wann, wer bezahlt was und womit – all diese Fragen lassen sich leichter beantworten, wenn es nicht um ein Gegeneinander, sondern um ein Miteinander geht. Und damit dieses Miteinander nicht zur Demütigung des einen oder der anderen wird, ist ein objektives Team an Unterstützenden hilfreich. Beratung hinsichtlich der Beantragung von Fördergeldern, Unterstützung bei der Wohnungssuche – ich stelle mir hier eine Art offizielles »Elternamt« vor, ein Pendant zum Jugendamt, das unparteiisch agiert und die Interessen von Eltern wahrt.

Schließlich sollten wir einen gemeinschaftlichen Konsens finden, auf jede Form der Demontage des Partners, der Partnerin nach einer Trennung zu verzichten. Wichtig ist, dass das von der Scheidung betroffene Kind ein Kind beider Eltern bleiben kann. Inklusive stabiler Beziehungen zu Papa und Mama.

Denn es gibt eben doch einen Unterschied zwischen einem Ex und einem Ex, der der Vater meiner Kinder ist.

— 5 —

MEHR FAMILIENFREUNDLICHKEIT FÜR PAPA

Dieser Appell richtet sich besonders an Wirtschaft und Politik. Denn heute vermissen viele Männer Spezialangebote für Väter, Notfallbetreuungsmöglichkeiten für Kinder, Auszeit- und Sonderurlaubsregelungen sowie flexible Tages- und Wochenarbeitszeiten in ihren Betrieben. Männer mit Kindern im Haushalt oder Kinderwunsch brauchen Teilzeitmöglichkeiten.

Das belegt auch die Studie »Die Welt unserer Kinder«, 2014 vorgelegt von der Unternehmensberatung A.T. Kearney – die ihre Ergebnisse mit dem Slogan »Nur Mut!« versieht. Den können die meisten Väter gebrauchen, denn die geschlechterbedingte Ungleichbehandlung in Betrieben und Unternehmen geht an dieser Stelle auf ihre Kosten. Ganz klar: Die muss weg!

Natürlich werden Angebote, die sich klar an Väter richten, auch dann viel großflächiger und umfassender angeboten, wenn sie gut sichtbar platziert sind. Eine betriebliche Sonderregelung, die sich auch an Papas wendet, aber gut versteckt irgendwo im Firmen-Intranet lauert, wird kaum frequentiert, weil kaum jemand davon weiß. Hier können die Verkaufsgenies eines Unternehmens mal in eigener Sache arbeiten und all diese Möglichkeiten im wahrsten Sinne des Wortes an den Mann bringen.

Daneben möchte ich, dass Väter Klagen einreichen, wenn sie von ihren Arbeitgebern um ihre Vaterchance gebracht werden. So richtige laute Beschwerden, mit Datum und Stempel, wenn Vorgesetzte beim Wort »Elternzeit« auch nur ein bisschen die Augen verdrehen. Heiß begehrte Fachkräfte sollten Stellenangebote ausschlagen, wenn die um sie werbenden Konzerne keine betrieblichen Kinderbetreuungsangebote zur Verfügung stellen. Weil diese Hochqualifizierten sich das nämlich besser leisten können als die, die um ihren Job fürchten müssen, wenn sie einmal zu laut um etwas bitten.

Väter sitzen hier an einem deutlich längeren Hebel als Mütter, auf deren Schultern die Vereinbarkeitsfrage ja derzeit ruht, weil sie immer noch die Alphatiere der Arbeitskräfte sind. Die bislang ohne Handicap ausgekommen sind. Nur Mut zum Handicap, bekennt euch zu euren Kindern und steht für sie ein! Für euch – und auch für eure Partnerinnen!

Übrigens kann Vaterschaft auch als »Karrierebaustein« gesehen werden, gleichwertig etwa einem Auslandsaufenthalt. Die Robert Bosch GmbH in Stuttgart hat das verstanden. Dort werden Väter sogar ermutigt, sich Zeit für ihr Kind zu nehmen, und auch die Rückkehr in den Betrieb ist klar geregelt.

MEHR OFFENE TÜREN FÜR PAPA

In Fachkreisen spricht man von einem *maternal gatekeeping*, wenn eine Mutter den Vater ihres Kindes immer wieder ausbremst in seinem Engagement. Dieses Türsteherinnentum gibt es nicht selten, leider. Gerade Frauen, die vor der Geburt Probleme mit dem eigenen Selbstwert hatten, die sich als wenig selbstbewusst empfinden, gewinnen durch ein Kind an Kraft.

Fast immer ist ihr Verhalten mit dem Geschlechterverständnis verbunden, also der Tatsache, dass die junge Mutter unbewusst fürchtet, einen Teil ihrer neu errungenen Stärke durch Weiblichkeit gleich Mutterschaft zu verlieren, wenn sie mal nicht als Erste beim Kind ist.

Diese Furcht ist gut nachzuvollziehen, aber eigentlich unbegründet. Denn den meisten Müttern geht es nachweislich viel besser, wenn sie einen Partner an ihrer Seite haben, der auch kompetent ist in der Betreuung des Kindes. Der das Kind ebenfalls bedingungslos liebt. Der genauso Verantwortung übernimmt. Und der regelmäßig eine Nachtschicht am Bett des zahnenden oder kranken Kindes übernimmt, damit die Mutter wenigstens ein bisschen Kraft tanken kann. Insofern ist eine Öffnung des »mütterlichen Tors« eine Chance für beide, weniger Stress und mehr Glück zu erfahren.

Ich stelle mir neben dem Loslassen dieser Mütter von ihrem Tor eine sanfte Emanzipation der Väter vor, also eine Fokussierung auf das, was sie eigentlich wollen: Zeit mit ihren Kindern zu verbringen. Ohne dabei unter Beobachtung einer überengagierten Partnerin zu stehen, gar auf Bewährung zu sein. Das funktioniert aber nur dann, wenn Väter sich das auch trauen.

Ich bin sicher, dass eine gute Paarbeziehung diese Emanzipation aushält. Denn schließlich ringen ja beide um ihren Geschlechter-Bausatz: Ein frischgebackener Vater muss auch erst lernen, dass er nichts an Männlichkeit verliert, wenn er wickelt, wiegt oder auch mal vor Erschöpfung weint.

— 7 —

MEHR VATERCHANCE ERGREIFEN

Die Wirtschaft ist schuld, die Politik, die Vergangenheit, die Weltkriege, die Fabriken und auch die übermotivierten Mütter, die ja inzwischen außerdem Ernährerinnen sein wollen – lauter Hürden gibt es, durch die Väter daran gehindert werden können, mehr zu sein für ihre Kinder als das bisschen Erzeuger.

Der Vater kann nur dann den Schatten der Mutter verlassen, wenn er seine Füße bewegt! Hier ist das Engagement von Männern gefragt, die Kinder haben und die Kinder wollen. Die bereit sind, ihr Leben zu ändern für die Vaterschaft, denn genau darin besteht die Vaterchance: Veränderung – Verbesserung. Damit ist nicht gemeint, nach der Geburt des Kindes doch mal die Spülmaschine auszuräumen.

In einem Interview mit der Zeitschrift *Brigitte* spricht der dänische Familientherapeut Jesper Juul Klartext:

»Väter übernehmen Aufgaben. Aber sie übernehmen keine Verantwortung. Wenn ich optimistisch schätze, dann gelingt eine Vater-Kind-Bindung heute bei 30 bis 40 Prozent der deutschen Väter. Viele Väter sind nicht in die Familie integriert. Und daran müssen sie arbeiten.«

Einen Platz zu finden in der Familie, die süß duftende Zweisamkeit von Mutter und Kind zu erweitern mit allem, was ein Vater zu bieten hat, das ist hier gefragt. Und einmal gefunden darf dieser Platz nicht mehr verlassen werden – Vaterschaft ist was fürs ganze Leben. Das bestätigt auch der Psychotherapeut Horst Petri, der viel über die traumatischen Folgen der Abwesenheit von Vätern geforscht hat, in einem Interview mit *Geo Wissen*:

»Ein Vater muss seiner Tochter, seinem Sohn die Sicherheit geben, dass er immer für sie da ist.«

Längst ist bewiesen: Ein Kind gehört nicht nur zur Mutter, ein Kind gehört auch zum Vater. Mama ist nicht genug!

— 8 —

MEHR VATER STATT MUTTER ZWEITER KLASSE

»Er habe sich für seine Familie entschieden, spricht der karrierebeflissene Technokrat. Gegen die Pendelei. Gegen die vielen Dienstreisen. All das sei mit Frau und ›insbesondere meinen beiden sehr jungen‹ Kindern auf Dauer nicht zu vereinbaren. Putzig, nicht?«

Das schreibt der stellvertretende Ressortleiter der *Frankfurter Allgemeinen Sonntagszeitung* Ende 2013 über Jörg Asmussen, einen renommierten Finanzexperten, der seinen Posten bei der Europäischen Zentralbank verließ und heute Staatssekretär im Bundesministerium für Arbeit und Soziales ist. Nach dem »putzig« folgt ein charmant zu Papier gebrachtes Fass Gülle, das der Journalist über Asmussen auskippt, weil der angeblich lieber Pausenbrote schmiert, statt seinen Mann zu stehen.

Diese knapp hundert Zeilen Hass sind die eine Taste der öffentlichen Klaviatur, die für die mediale Darstellung von Vätern zur Verfügung steht: Männer, seid Mann und schafft die Kohlen ran – und lasst den Frauen ihren Weiberkram, der ist nichts für euch! Diese Taste ist verstaubt und verstimmt und wird – zum Glück – auch nicht mehr allzu häufig angeschlagen. Leider gibt es dann nur noch eine weitere Taste, und das ist die mit dem Babybjörn, die fast ausschließlich die Freude über Kinder diesseits der Windelzeit vertonen soll.

Das war's, mehr gibt es nicht. Und das ist natürlich nicht ausreichend! Bei der Darstellung von Vätern nur auf Patriarch oder Softie zu setzen, das muss aufhören. So schwarzweiß ist die Welt nicht, ebenso wenig wie jeder Patriarch ein echter Vater und jeder Softie eine Mutter zweiter Klasse ist.

Die Vater-Werdung des Mannes mit all ihren Facetten ist längst geschehen, aber sie ist noch nicht von allen verstanden worden: Der eine Vater geht mit seinem Kind zum Ballett, der andere zum Fußballspielen. Der nächste wiegt es jeden Abend in den Schlaf, ein anderer findet Bussis beim Abschied irgendwie peinlich. Was auch immer sie tun – sie tun es als Väter. Und nicht etwa als schlecht geklonte Mamas oder unreife Jünglinge vor dem Richtiger-Kerl-Diplom.

MEHR ANERKENNUNG
FÜR PAPA UND MAMA

Nicht nur innerhalb der Familien muss sich etwas verändern, auch innerhalb der Gesellschaft. Es ist höchste Zeit, dass Menschen mit Kindern nicht weiter als Menschen mit einer unheilbaren Krankheit gesehen werden: So wie Frauen an die gläserne Decke stoßen, weil sie im gebärfähigen Alter sind, stoßen Männer auf Vorurteile, wenn sie ihre Familienzeit im Betrieb geltend machen wollen.

Wir leben in einer wahrhaft janusköpfigen Gesellschaft, die einerseits den angeblichen Gebärstreik der Akademikerinnen verurteilt, andererseits aber die betriebliche Familienfreundlichkeit nicht geschlechterübergreifend sichert, wenn überhaupt. Eine echte Veränderung kann nicht nur durch Gesetze oder erweiterte Kinderbetreuungsangebote durch die Bundesregierung kommen – am Ende ist die breite Masse gefragt.

Als die Umweltorganisation Greenpeace 1995 die Öllagerplattform Brent Spar besetzte, um zu verhindern, dass sie im Meer verschrottet wird, wurde das schnell und ohne eine dahinterliegende Gewerkschaft oder Kampagne von der deutschen Bevölkerung unterstützt. Viele tankten einfach nicht mehr bei Shell, was in kürzester Zeit zu enormen Umsatzeinbußen bei dem Erdölkonzern führte.

Eine solche Bewegung stelle ich mir vor: den Eltern-Streik. Rund acht Millionen Familien mit mindestens einem minderjährigen Kind gibt es in Deutschland – wenn all diese Papas und Mamas an einem Tag ihre Arbeit niederlegen würden, um darauf hinzuweisen, dass sie noch ein anderes Leben neben Büro oder Betrieb haben, dann wäre das ein Zeichen, das nicht zu übersehen ist.

Ich bin dabei.

Danksagung

Der erste Dank geht an meine Familie, an meine Freundinnen und Freunde. Besonderen Dank verdient Rebekka Göpfert für ihr An-mich-Glauben. Meinen Hauptgesprächspartnern Thomas Gesterkamp, Alexander Stelter und Reinhard Winter danke ich für ihre Zeit, ebenso wie allen anderen, die mich bei der Arbeit an diesem Buch unterstützt haben, allen voran Tarek Münch und auch Petra Dorn aus dem Lektorat.

Literatur

Bücher und Sammelbände

Beck, Ulrich: *Risikogesellschaft. Auf dem Weg in eine andere Moderne.* Frankfurt am Main: Suhrkamp 1986

Bendikowski, Tillmann: *Allein unter Müttern. Erfahrungen eines furchtlosen Vaters.* München: C. Bertelsmann 2012

Bergmann, Wolfgang: *Kleine Jungs – große Not. Wie wir ihnen Halt geben.* Weinheim: Beltz 2005

Das neue Kindschaftsrecht. Fragen und Antworten zum Abstammungsrecht, zum Recht der elterlichen Sorge, zum Umgangsrecht, zum Namensrecht und zu den Neuregelungen im gerichtlichen Verfahren. Herausgegeben vom Bundesministerium der Justiz Berlin 2001 (6. Ausgabe)

Cadeggianini, Georg: *Aus Liebe zum Wahnsinn. Mit sechs Kindern in die Welt.* Frankfurt am Main: Fischer 2012

Fischer, Gottfried: *Von den Dichtern lernen... Kunstpsychologie und dialektische Psychoanalyse.* Würzburg: Königshausen u. Neumann 2005

Garsoffky, Susanne und Britta Sembach: *Die Alles ist möglich-Lüge. Wieso Familie und Beruf nicht zu vereinbaren sind.* München: Pantheon 2014

Gesterkamp, Thomas: *Die neuen Väter zwischen Kind und Karriere.* Opladen/Farmington Hills: Barbara Budrich 2010

Gesterkamp, Thomas: *Jenseits von Feminismus und Antifeminismus. Plädoyer für eine eigenständige Männerpolitik.* Wiesbaden: Springer VS 2014

Gesterkamp, Thomas: *Geschlechterkampf von rechts. Wie Männerrechtler und Familienfundamentalisten sich gegen das Feindbild*

Feminismus radikalisieren. Expertise der Friedrich-Ebert-Stiftung. Bonn 2010

Habeck, Robert: *Verwirrte Väter. Oder: Wann ist der Mann ein Mann.* Gütersloh: Gütersloher Verlagshaus 2008

Hopf, Hans: *Die Psychoanalyse des Jungen.* Stuttgart: Klett-Cotta 2014

Hummel, Katrin: *Entsorgte Väter. Der Kampf um die Kinder: Warum Männer weniger Rechte bekommen.* Köln: Bastei Lübbe 2010

Juul, Jesper: *Mann & Vater sein.* Freiburg: Kreuz 2011

Kafka, Franz: *Brief an den Vater. Fassung der Handschrift.* Mit einem Nachwort und Anmerkungen versehen von Roger Hermes. Frankfurt am Main: Fischer 1999 (3. Aufl.)

Kohl, Walter: *Leben oder gelebt werden. Schritte auf dem Weg zur Versöhnung.* München: Integral 2011

Kolbe, Uwe: *Die Lüge.* Frankfurt am Main: S. Fischer 2014

König, Jochen: *Fritzi und ich. Von der Angst eines Vaters, keine gute Mutter zu sein.* Freiburg: Herder 2013

Kursbuch. Heft 140. *Die Väter.* Berlin: Rowohlt 2000

Mika, Bascha: *Die Feigheit der Frauen. Rollenfallen und Geiselmentalität. Eine Streitschrift wider den Selbstbetrug.* München: C. Bertelsmann 2011

Mitscherlich, Alexander: *Auf dem Weg zur vaterlosen Gesellschaft.* München: Piper 1963

Mühl, Melanie: *Die Patchwork-Lüge. Eine Streitschrift.* München: Carl Hanser Verlag 2011

Obama, Barack: *Ein amerikanischer Traum.* München: Hanser 2008

Petri, Horst: *Das Drama der Väterentbehrung.* München: Ernst Reinhardt 2011 (7. Aufl.)

Raeburn, Paul: *Do Fathers Matter? What Science is Telling Us About the Parent We've Overlooked.* New York: Farrar, Straus and Giroux 2014

Seck-Agthe, Monika und Maiwurm, Bärbel: *Neun Monate.* München: Frauenbuchverlag 1981

Schernikau, Ronald M.: *Irene Binz. Befragung.* Berlin: Rotbuch Verlag 2010

Streidl, Barbara: *Kann ich gleich zurückrufen? Der alltägliche Wahnsinn einer berufstätigen Mutter.* München: Blanvalet 2012

Thomä, Dieter (Hg.): *Vaterlosigkeit. Geschichte und Gegenwart einer fixen Idee*. Frankfurt am Main: Suhrkamp 2010

Vinken, Barbara: *Die deutsche Mutter. Der lange Schatten eines Mythos*. München: Piper 2001

Werfel, Franz: »Kleine Verhältnisse.« In: *Tanzenden Derwische. Erzählungen*. Frankfurt am Main: Fischer 1989

Winter, Reinhard: *Jungen. Eine Gebrauchsanweisung*. Weinheim: Beltz 2011

Studien und Untersuchungen

A. T. Kearney: *Nur Mut! Die Welt unserer Kinder. Ergebnisse der zweiten Arbeitnehmerbefragung*. Düsseldorf 2014

AOK-Familienstudie 2014. *Teil 1: Repräsentativbefragung von Eltern mit Kindern von 4 bis 14 Jahren*. Forschungsbericht des SINUS-Instituts im Auftrag des AOK-Bundesverbandes. Berlin 2014

Bundesministerium für Familie, Senioren, Frauen und Jugend (Hg.): *Facetten der Vaterschaft. Perspektiven einer innovativen Väterpolitik*. Berlin 2006

Gründler, Sabine, Dorbritz, Jürgen, Lück, Detlev u. a.: *Familienleitbilder: Vorstellungen. Meinungen. Erwartungen. Ansprüche ans Elternsein*. Herausgegeben vom Bundesinstitut für Bevölkerungsforschung. Wiesbaden 2013

Forsa-Studie 2013. *Meinungen und Einstellungen der Väter in Deutschland*. Repräsentative Studie im Auftrag von *Eltern*. Berlin 2013

Forsa-Studie 2015. *Ansprüche ans Elternsein*. Repräsentative Studie im Auftrag von *Eltern*. Berlin 2015

Pfahl, Svenja/Reuyß, Stefan/Hobler, Dietmar/Weeber, Sonja: *Nachhaltige Effekte der Elterngeldnutzung durch Väter*. Kurzfassung des Forschungsberichts durchgeführt von Sowitra, gefördert durch die Hans-Böckler-Stiftung. Berlin 2014

Schmitt, Christian: *Gender-Specific Effects of Unemployment on Family Formation: A Cross-National Perspective*. Discussion Papers Nr. 841. Deutsches Institut für Wirtschaftsforschung. Berlin 2008

Vorwerk Familienstudie 2011. *Ergebnisse einer repräsentativen Be-*
völkerungsumfrage zur Familienarbeit in Deutschland. Forschungsbericht des Instituts für Demoskopie Allensbach im Auftrag von Vorwerk. Wuppertal 2011

Artikel und Interviews

Bartens, Werner: »Vater, Freund, Onkel?« In: *Süddeutsche Zeitung*
vom 6. Februar. München 2015

Cadeggianini, Georg: »Herr Juul, was sind perfekte Eltern? Ein Gespräch, das Ihren Blick auf Erziehung umkrempeln wird.« In: *Bri-*
gitte Nr. 15. Hamburg 2011

Ceballous Betancour, Karin: »Die Liebe der Väter.« In: *Zeit* vom 3.
Januar. Hamburg 2008

Deardorff, Julianna, Ekwaru, John P., Kushi, Lawrence H. u. a.: »Fa-
ther Absence, Body Mass Index, and Pubertal Timing in Girls:
Differential Effects by Family Income and Ethnicity.« In: Journal
of Adolescent Health Nr. 48. University of California, San Fran-
cisco 2011

Donner, Susanne: »Im Namen der Tochter. In: *Süddeutsche Zeitung*
Magazin Nr. 10. München 2015

Erdmann, Lisa, Fischer, Sebastian: »Landrat in Elternzeit. Der Wickelvolontär der CSU.« In: *Spiegel Online* vom 30. Juni. Hamburg 2008

Franz, Matthias: »Wenn der Vater fehlt.« In: Psychologie heute Nr. 3.
Weinheim 2004

Franz, Matthias: »Gefangen im Rollenkäfig.« In: Psychologie heute
Nr. 40. Weinheim 2015

Habeck, Robert: »Herzschmerz im Hotelzimmer.« In: *Spiegel Wis-*
sen Nr. 01. Hamburg 2014

Hummel, Katrin: »Der entsorgte Vater.« In: *Frankfurter Allgemeine*
Zeitung vom 15. Juni. Frankfurt am Main 2010

Li, Jianghong, Johnson, Sarah E., Han, Wen-Jui u. a.: »Parents' Non-
standard Work Schedules and Child Wellbeing. A Critical Review
of the Literature.« In: *WZB Postprints*. Wissenschaftszentrum
Berlin für Sozialforschung. Berlin 2013

Diabaté, Sabine, Lück, Detlev: »Familienleitbilder. Identifikation und

Wirkungsweise auf generatives Verhalten.« In: Zeitschrift für Familienforschung. Heft 1. Opladen 2014

Kade, Claudia: »›Warum feiern wir den Hausmann als modern?‹ Brantner stellt Familienbild infrage.« In: *Die Welt* vom 19. September. Berlin 2014

Meck, Georg: »Nein. Mehr Engagement.« In: *Frankfurter Allgemeine Sonntagszeitung* vom 22. Dezember. Frankfurt am Main 2013

Metzger, Hans-Geert: »Die Idealisierung des Vaters.« In: *Psychologie heute* Nr. 3. Weinheim 2010

Müller, Kai-Uwe, Neumann, Michael, Wrohlich, Katharina: »Bessere Vereinbarkeit von Familie und Beruf durch eine neue Lohnersatzleistung bei Familienarbeitszeit.« In: *DIW Wochenbericht* Nr. 46, Arbeitsteilung in der Familie. Berlin 2013

Von Thadden, Elisabeth: »Von der Kunst des Erziehens. Interview mit Bernhard Bueb und Daniel Cohn-Bendit.« In: *Die Zeit* vom 1. März. Hamburg 2007